王吉生
刘林
王旭
著

运动健康100分
YunDongJianKang100Fen

乒乓球

启蒙训练

人民体育出版社

图书在版编目（CIP）数据

乒乓球启蒙训练 / 王吉生，刘林，王旭著. -- 北京:人民体育出版社，2020 (2022.5重印)
（运动健康100分）
ISBN 978-7-5009-5791-1

Ⅰ. ①乒… Ⅱ. ①王… ②刘… ③王… Ⅲ. ①乒乓球运动—基本知识 Ⅳ. ①G846

中国版本图书馆CIP数据核字(2020)第072295号

*
人民体育出版社出版发行
北京新华印刷有限公司印刷
新　华　书　店　经　销
*
880×1230　32开本　5印张　124千字
2020年9月第1版　　2022年5月第2次印刷
印数：3,001—5,500册
*
ISBN 978-7-5009-5791-1
定价：30.00元

社址：北京市东城区体育馆路8号（天坛公园东门）
电话：67151482（发行部）　　邮编：100061
传真：67151483　　邮购：67118491
网址：www.sportspublish.cn
（购买本社图书，如遇有缺损页可与邮购部联系）

前 言

《乒乓球启蒙训练》主要针对乒乓球启蒙阶段初学者入门的特点，对入门知识和主要基础技术进行精要介绍，目的是为了通过对乒乓球基础技术的全面理解，尽量缩短初步掌握乒乓球入门技能、技巧的过程，让参与者尽快体验驾驭乒乓球的乐趣，进而增加人们踊跃参与乒乓球运动的兴趣，本书的基本技术部分运用了先进的“三把钥匙”教学法来解析乒乓球基本动作。包括步法移动的用力行为，帮助读者正确无误地理解和更快地掌握各项技术动作。

“三把钥匙”教学法不同于传统的模拟教学法，它是从精准用力分析出发的全新技术动作教学方法，是我们经过多年基层一线训练实践总结出来的，并经过无数案例检验的符合人体运动力学的行之有效的教学方法，是对传统的模拟教学法的突破。“三把钥匙”教学法自2016年推广以来，已经使越来越多的人获益。同时也逐渐厘清了在启蒙训练中传统模拟教学方法中的许多似是而非的认知。

本书通过大量图片帮助读者从多个角度认识各项技术动作的表象，尽量帮助读者形象的从准备位置、击球时间、用力方向、击球位置、触球部位、用力方式、用力顺序和步法移动多个环节认识不同技术动作各自不同特点要求，使读者能够尽快获得乒乓球基础技术启蒙的正确认知和体验，给基础技术启蒙训练提供更多助力。

作者

2020年3月

目 录

第一章　入门基础

【目的】启蒙训练阶段的乒乓球入门者应该首先了解相关的乒乓球比赛规则，因为遵守规则并按照规则打球是乒乓球启蒙训练阶段的首要任务。通过了解、学习、掌握正确的握拍法、准备击球时在球台前的站位选择和击球前身体的基本姿态，以及合法发球、合法回击的规则要求，为进一步学习乒乓球各项击球技术打好基础。

一、发球的基本方法

发球时，用球拍击球，使球首先触及本方台区，然后越过或绕过球网，再触及对方台区。

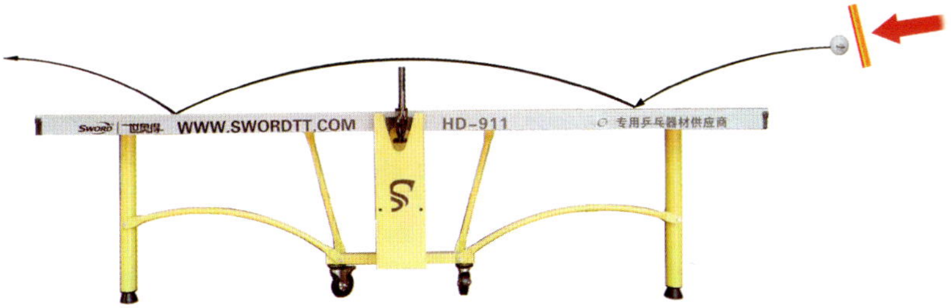

图1-1　发球的基本方法

二、还击的基本方法

规则规定：当对方发球或还击的球落到本方球台后，本方运动员必须还击，使球直接越过或绕过球网装置，或触及球网装置后再触及对方台区。这里说的“还击”是用握在手中的球拍或持拍手手腕以下的部分触球。因此，没有拿球拍的手在比赛过程中不仅不能触及球台，而且也不能击球，否则就要被判失分。但是在“还击”过程中，球被持有球拍的手指或手掌碰击回去，依然是合法的。当然，球打手后又触及球拍形成两次击球过网，将被视为“连击”，还是要算失分的。

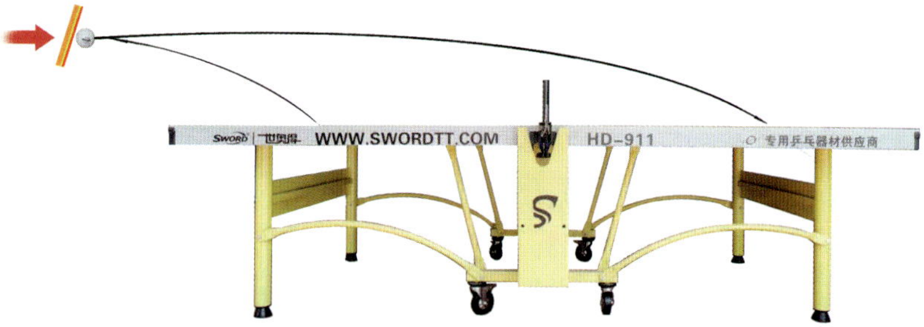

图1-2　还击的基本方法

三、计分与比赛的方法

规则规定：计分方法为每局11分制，每人发球2个；比赛方法为5局3胜或7局4胜。11分比赛制规定，在一局比赛中，每人每轮发球两个，先得11分的一方为胜方。10平后，每人每轮发球一个，先多得两分的一方为胜方。为了限制“防守型”选手在比赛中只守不攻，拖延比赛时间，国际乒联在1961年就开始启用了“轮换发球法”。在现行11分制的比赛规则下，当一局比赛的对阵时间超过10分钟时（双方得分均为至少9分的情况除外），将实行轮换发球法，即对阵双方轮流各发一个球，如果发球方在对手还击12板时仍未能得分，则判定接发球方得分。

图1-3　乒乓球比赛

四、正确的握拍方法

乒乓球运动是持拍击球运动，掌握合理的握拍方法是入门的重要基础。乒乓球握拍法主要分为直拍握拍法和横拍握拍法两大类。

图1–4　直拍握拍

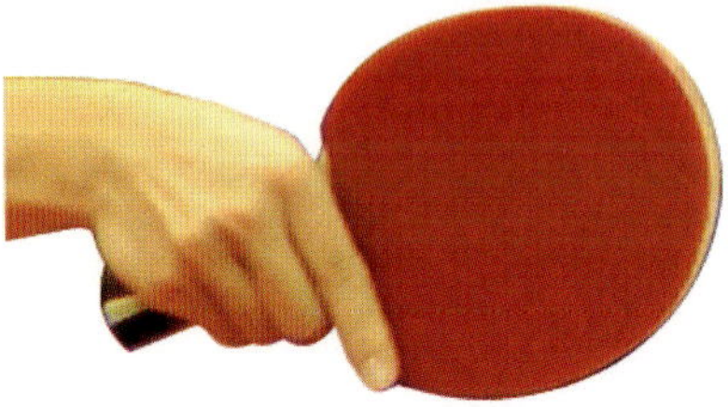

图1–5　横拍握拍

（一）直拍握拍法

1. 直拍握拍法的特点

直拍的优势是容易制造旋转和控制台内短球，直拍正手近台进攻的攻击威力大，特别是进攻靠近身体的来球，让位小，出手快。这些优点在双打比赛中表现得更加淋漓尽致。直拍的缺点是相对于正手来说其反手的进攻能力偏弱。为此需要运用直拍横打这项背面进攻技术来提高攻击力，但是掌握这项技术的难度较大，且和直拍反手传统的技术如推挡、搓球等兼容度不够。不过，这些恰恰是直拍技术未来发展的潜在空间，因此需要在启蒙训练阶段就当成重点技术进行研究、开发和创新训练。

2. 直拍基础握拍法的要点

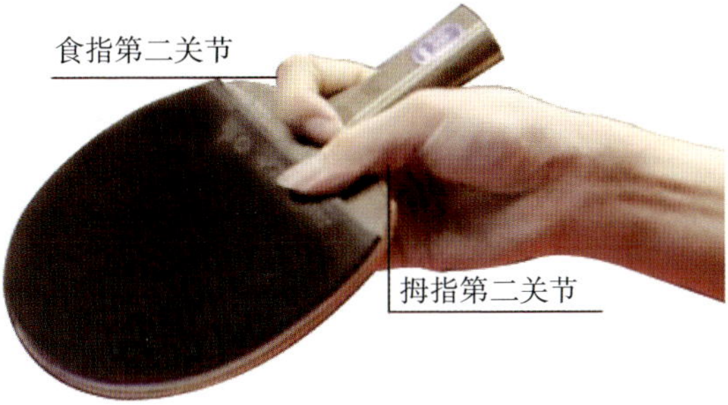

图1-6　从正面视角看直拍握拍法拇指和食指的位置

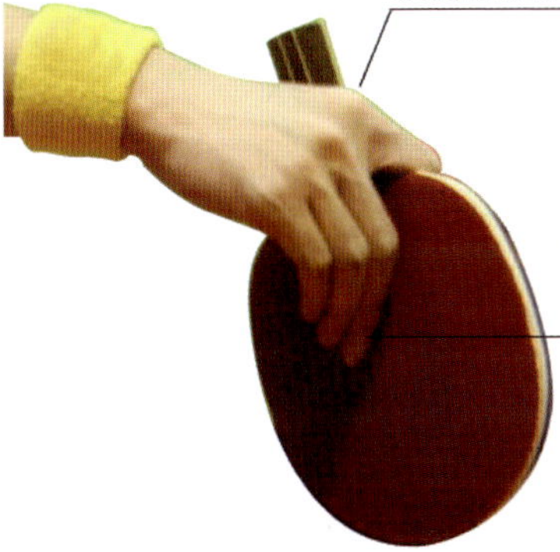

图1-7　从背面视角看直拍握拍法手指的位置

（二）横拍握拍法

1. 横拍握拍法的特点

横拍的优势是横拍的拍柄长度比直拍的拍柄长，由于阻力臂长，因此击球力量大、弧线长，特别是离台进攻威力明显，横拍的正反手击球动作转换比较容易，正反手进攻力相对均衡，且反手进攻能力明显强于直拍，因此在以相持战术为主的40+大球时代有一定的优势。不过横拍由于握拍的方法限制了手指、手腕的灵活性，因此在正手台内短球的控制力和进攻方面往往处于劣势，而且在发球的旋转变化上相对较弱。为了突破这个瓶颈，现在许多横拍运动员在发球时都改变对球拍的握法——用手指夹住拍面发球，这种握法使发球质量有了明显的提升空间。因此在横拍的启蒙训练阶段，应该专门研究、学习、运用这种握法的击球，开拓横拍技术的发展空间。

2. 横拍基础握拍法的要点

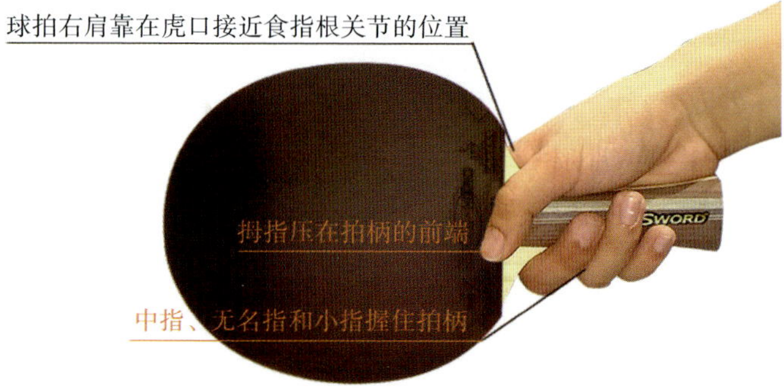

图1–8　从正面视角看横拍握拍法手指的位置

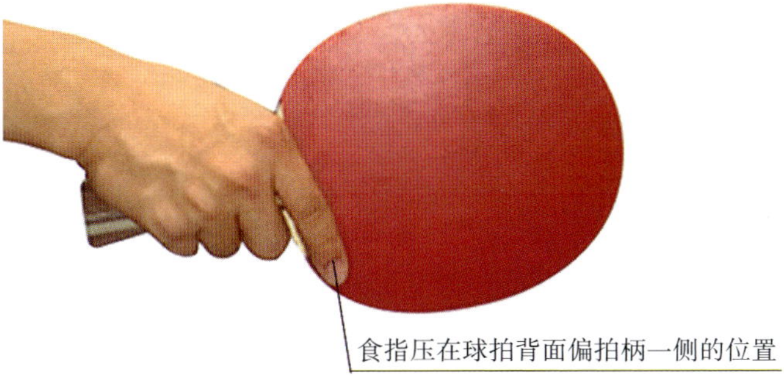

图1-9　从背面视角看横拍握拍法手指的位置

五、准备接球前的站位选择

（1）初学者选择站在球台偏反手一侧的中间位置。

（2）站在不用后退即可回击长球的位置（大约离台30厘米）。

（3）持拍手一侧的脚站位略向后，有利于学习正手攻球。

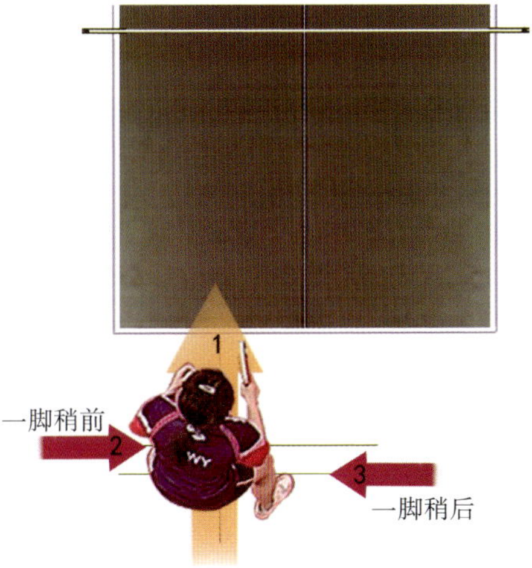

图1-10　准备接球时选择站在反手半台的中间位置

六、准备击球时身体的基本姿态

（1）身体重心前倾保持随时准备“起跑”的姿态。

（2）双膝弯曲保持“弹性蓄势”。

①球拍置于球台端线的边沿附近的身前

②上体放松，收腹并保持适度前倾

③身体重心下沉，落在膝头和前脚掌的垂直线上

图1-11　准备击球时的身体姿态

第二章 熟悉球性

【目的】通过使用球拍连续击球的用力体验练习，提高肢体控制球拍动作的时间、空间和用力感觉，初步掌握驾驭击球的力量、节奏、拍形、触球部位等技巧，同时提高对球的判断力和专注能力。

一、熟悉乒乓球的弹跳性

体验并熟悉球拍对球的不同撞击用力，使球体产生相应的运动轨迹、飞行距离以及连续击球之间产生的间隔时间。通过反复练习使击球控制用力和球体规律运动协调，为进一步学习乒乓球技术、驾驭击球技巧打下基础。

（一）托球稳定练习

图2-1　行走托球练习——学会控制球拍稳定

（二）连续颠球练习

图2-2　连续颠球练习——学会连续向上的击球用力

（三）连续对墙击球练习

图2-3　连续对墙击球练习——学会连续向前的击球用力

（四）其他连续击球练习

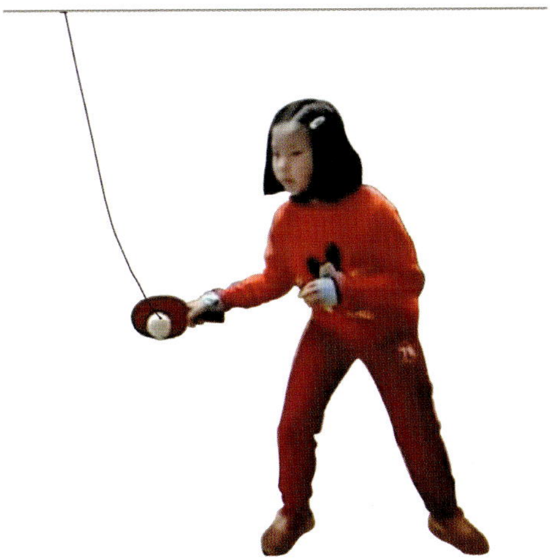

图2-4　连续打吊球练习——学习对来球轨迹的判断

图2-5　连续打弹力软轴乒乓球练习——学习对来球时间的判断

图2-6　自抛击球练习——学习击球用力、体验驾驭击球

二、熟悉乒乓球的旋转性

通过练习体验球拍摩擦球制造旋转的用力感觉，熟悉不同旋转球的击球弧线、飞行轨迹和落台弹跳等变化。

（一）上旋球

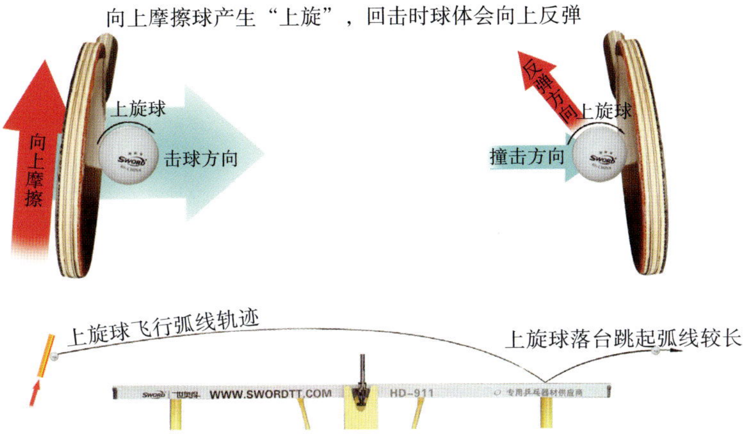

图2-7　上旋球的旋转特点和弧线轨迹

（二）下旋球

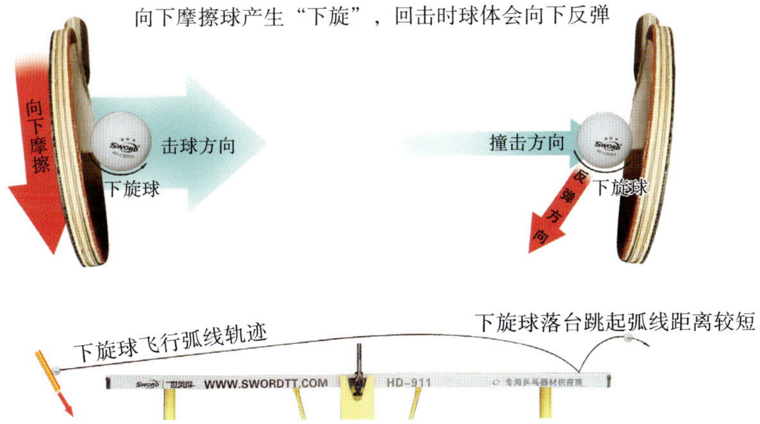

图2-8　下旋球的旋转特点和弧线轨迹

（三）侧旋球

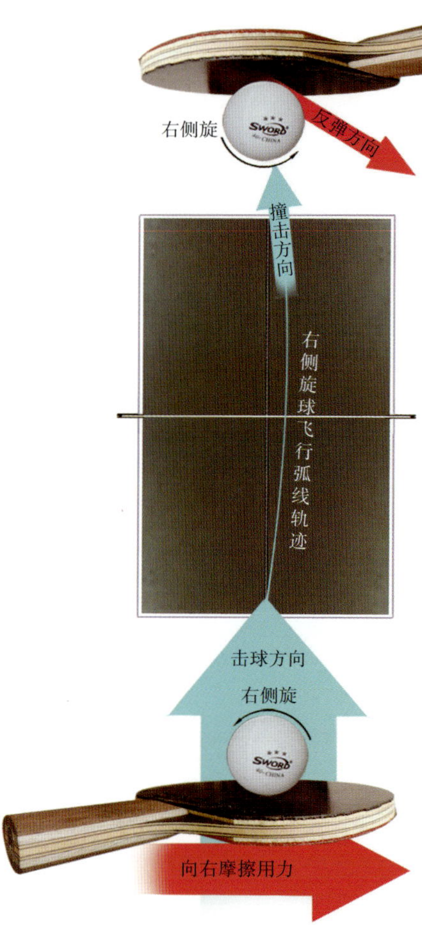

向右摩擦球产生“右侧旋”，回击时会向接球人左侧反弹

图2-9　右侧旋球的旋转特点和弧线轨迹

向左摩擦球产生“左侧旋”，回击时会向接球人右侧反弹

图2-10　左侧旋球的旋转特点和弧线轨迹

（四）顺旋转球、逆旋转球

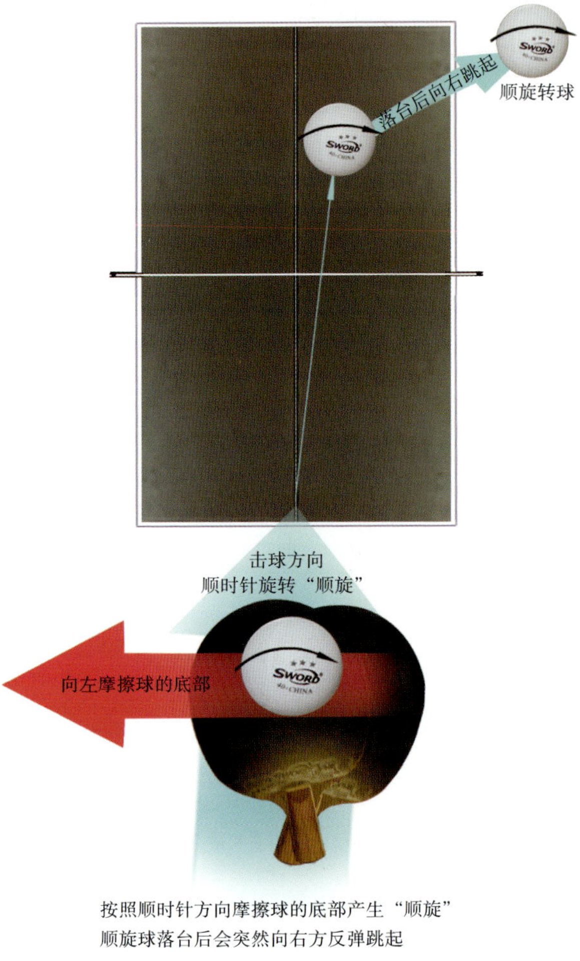

图2-11　顺旋转球的旋转特点和弧线轨迹

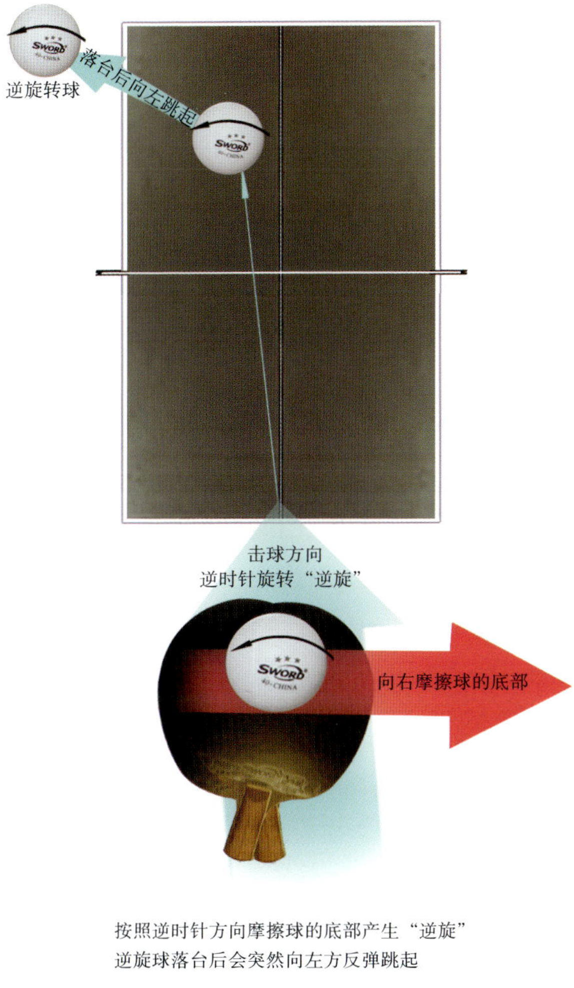

图2-12　逆旋转球的旋转特点和弧线轨迹

【小结】熟悉球性的训练方法多种多样，只要和击球有关的练习都可以实现熟悉球性的目的。即使是上述介绍的几种简单方法，初学者也可以通过增加难度、变换练习方法，例如在移动中练习连续颠球、击球，在地上、床上练习摩擦球等。总之，采用灵活多样的练习方法，不仅可以因地制宜、随时随地的增加练习次数，而且还可以提高和培养初学者对乒乓球的兴趣，为学习乒乓球各项技术动作奠定良好的基础。

第三章 击球用力

【目的】通过对击球动作用力行为规律的认识，获得顺利学习、掌握各项乒乓球基本技术的入门钥匙——“三把钥匙”教学法。

一、击球技术的本质——肌肉用力行为

明确学习击球动作要专注于动作用力的体验，而不是外在的姿势形态。

从本质上来说，一切技术动作，无论是正确还是错误，都是肌肉的用力行为。“肌肉用力行为”是给技术动作最准确的定义，所谓“用力行为”应该包括用力的部位、用力的方向、用力的时间和用力的方法等。因此，乒乓球技术动作的教学训练应该始终围绕着“用力”这个核心议题研究，进而正确回答“击球用力是从哪里来的、为何而来”“击球用力到哪儿去、如何而去”这个本质问题。离开这个核心议题，技术动作的教学就会失去方向，从而陷入追求“形似”的歧途。

二、合理击球的两个要素——前进力加弧线

通过对技术动作简洁化的认识，克服学习技术动作的畏难情绪。

图3-1　击球向前飞越过网的“基础用力”

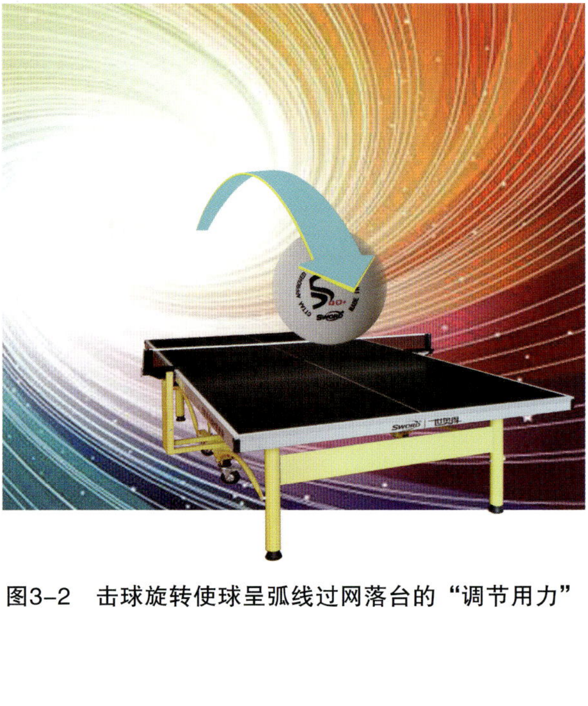

图3-2　击球旋转使球呈弧线过网落台的“调节用力”

“存在的，就是合理的！”如果把击球能“过网、落台”视为最基本的合理用力，那么，击球人首先需要给球一个飞越球网的前进力（基础用力）；其次还要给球一个旋转力（调节用力），使球的飞行轨迹能够呈弧线落到对方台面。这是保证合理击球的两个必备用力因素，缺一不可。

三、合理动作的含义——协调用力加灵活调节

明确合理动作的两个标准，追求击球动作用力合理的本质目标。

在学习乒乓球技术动作用力的过程中，合理的击球用力动作要符合人体运动生物力学协调用力的规律，这样才能在多种情况下保证击球过网。

协调用力：参与击球用力的身体各部分关节与肌肉在用力方向上协调一致；在用力时间上有序同步。

合理的击球用力动作还必须具有随机可调节的动作功能，这样才能面对快速而又不断变化的来球，制造保证击球“落台”的弧线。

因此，合理击球动作的定义应该是既符合运动生物力学规律，又可以根据来球变化随时调节的击球动作。

为了追求“规范”的技术动作，衍生出了关节要保持特定的“角度”，挥拍必须到特定的“位置”等具体的教法要求。实际上这是追求“形似”的误区，是对“规范”的误读。顾名思义，“规范”应该正确理解为在“合乎规律的范畴之内”，而不是动作细节标准统一的“规范”。由于身高的差异和来球的落点、旋转、弧线等变化的不同，事实上只有合乎规律的击

球“合理”用力，没有一成不变的所谓“规范”姿势。

四、“三把钥匙”教学法

掌握“三把钥匙”教学法，学习击球动作可以事半功倍。

（一）第一把钥匙：击球过网的基础用力——“躯干带动四肢”

学习、理解击球用力的第一把钥匙——“躯干带动四肢”，可以迅速获得击球过网的“基础用力”。

1. 击球向前过网的用力从何而来

击球动作虽然千变万化，但都是建立在击球过网的基础上的。击球过网的基础用力是从躯干的动作上来的，四肢与躯干连接，并随着躯干动作方向运动，因此，躯干的用力不仅是人体的“核心力”，而且是乒乓球击球的“基础用力”。

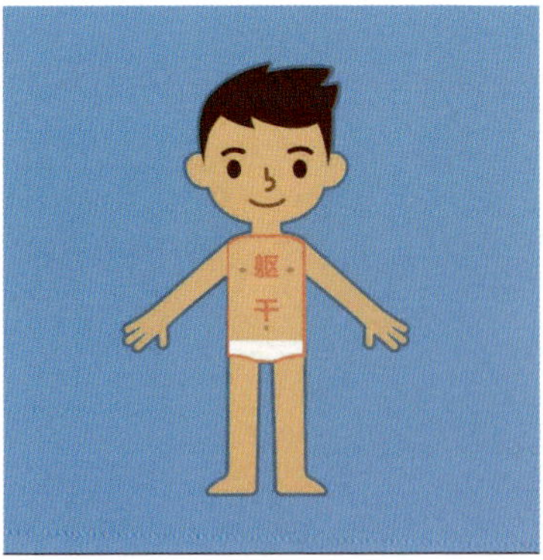

图3–3　躯干是指除了头和四肢以外的身体部分

由于用力方向一致，躯干转动用力可以直接作用于挥拍击球

图3-4 躯干转动用力带动挥拍

“技术动作”是指附着在关节和骨骼上的肌肉以关节为支点、以骨骼为杠杆的收缩运动行为。事实上人体的关节都是杠杆结构，一个击球动作往往是由多个相连关节组成的运动链。

乒乓球击球的基础用力主要是能够给予击球过网的向前用力，这个方向的用力主要来自于人体的躯干和手臂，由于手臂附着在躯干上，因此，躯干动作是击球用力的起点，并且由于用力方向一致，躯干动作的用力可以直接作用于挥拍击球。

2. 击球过网的基础用力从何而来

“大关节带动小关节”是人体动作的规律——根据人体运动力学中关节活动顺序的规律，虽然运动链中各个关节的肌肉同时用力，但总是大关节最先产生运动，然后依据关节的大小出现一定的先后顺序的运动。在击球时，作为大关节的躯干部分最先产生运动，然后参与挥拍击球或蹬地移步的四肢较小关节依次按顺序运动。“躯干带动四肢”不仅揭示了动作用力在时间上的先后顺序，而且还揭示了躯干动作用力方向对其后的四肢随之动作运动的轨迹产生的直接影响。

3. 击球的挥拍用力是从“蹬地”上来的吗

有一种似是而非的说法——击球用力源自“蹬地”，经常使人误以为蹬地的用力可以直接作用于击球，进而衍生出所谓“蹬、转、收”的教学说法。要厘清这种说法的模糊之处，首先要对“蹬地”用力做出明确定义。根据运动力学原理，人体重力的作用方向是竖直向下的，其大小与人体及负荷的重量相等。当人体对支撑点（地面）施加作用力时，例如蹬地，支撑点就产生了对人体支撑的反作用力。

当支撑反作用力的大小与人体体重相同时，人体就可以在支撑点上保持静止不动——这时就产生脚“踩实”、腿“撑住”的感觉。

当静止的人体在支撑点上做加速运动，例如“蹬跳”，其支撑反作用力大于人体体重时，人体就会沿着与“蹬跳”作用力的相反方向产生位置移动——这时就会产生“起动灵活、移动起来”的感觉。

根据牛顿第三定律关于“作用力与反作用力同时产生，两者大小相等，方向相反，作用在同一条直线上”的规律，就可以得出结论：无论是使人体保持静止的下肢“蹬地”产生的支撑反作用力，还是使人体位置移动的下肢“蹬跳”加速反作用力，其反作用力的方向都是与蹬地向下方向相反的向上的直线作用力，即使是“斜向下蹬”的用力也是如此。显然这种向上的反作用力与向前为主的挥拍用力没有直接关系。因此，这种“蹬”产生的向上或向斜上方的直线运动的作用力，不可能在没有其他外力的作用下，改变成为作用于向前为主的挥拍击球的用力。

由此可见，人们感觉到的在击球过程中出现的“蹬地”的用力行为，其实是为躯干动作用力提供稳定支撑或是为了移动身体位置提供的支撑反作用力罢了，事实上与挥拍用力没有直接的因果关系。

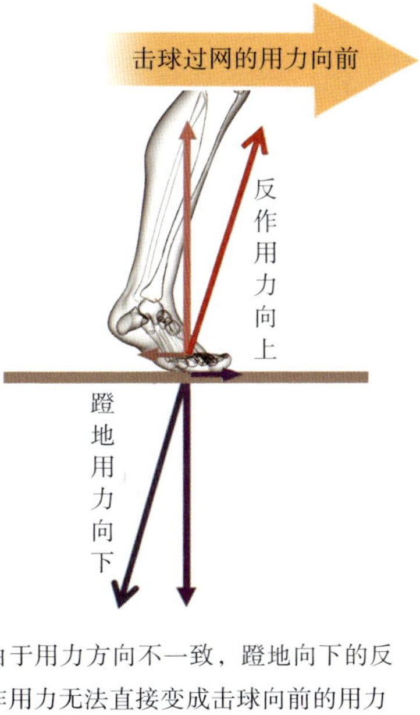

由于用力方向不一致，蹬地向下的反作用力无法直接变成击球向前的用力

图3–5 “蹬地”的力学原理

4. 脚步移动也是从“躯干”用力带动开始的吗

有人问：“既然下肢支撑着躯干，那为什么不是步法移动带动躯干呢？”在讨论这个问题之前还是先要统一对“带动”这个词的定义，我们说的“带动”有两个含义，一是参与运动的相关关节率先动作，称为“带动”；二是“带动”有导向性的含义，躯干的动作方向对手臂挥拍和脚步移动的动作方向有决定的引导作用。

从生理的角度分析，负责大腿运动的主要肌肉都起始于髋关节，而髋关节是人体最大的关节，大关节带动小关节是人体运动学的规律，所以，从理论上认识躯干先于下肢动作，“带动”了下肢的移动的用力顺序是正确的。从实践中也证实了躯干“带动”的客观存在，如康复医生在指导患有下肢功能障碍的人从坐姿练习站起来的动作时，总是要求他们躯干首先做前倾动作，带动身体重心前移，进而带动腿部用力站起。在乒乓球步法移动中随时可以看到躯干的导向作用，许多初学者在从定点击球练习转为移动击球的过程中，经常会出现手脚不协调的现象，究其原因多数都是因为缺少躯干率先对上下肢动作的同时导向用力，这是手、脚的动作出现了脱节现象的主要原因，如果这时候调整、改进他们的躯干动作，这一难点很快就能克服了。

虽然如此，步法移动还是要靠腿部相关肌肉蹬地用力的，不过这是在躯干“带动”下叠加用力的加速动作。人们在击球动作过程中有两个重要的“蓄势”动作，一是转动躯干带动引拍向后的“发条蓄势”，二是躯干下压使膝关节保持适度弯曲产生的“弹力蓄势”。正是因为这两个“蓄势”的动作，才能保证挥拍击球和步法移动的及时和协调衔接，击球过程中“躯干带动四肢”就是通过这两个充足“蓄势”动作和及时释放“势能”来实现的，而击球和移动的动作则是在这两个“势能”释放的基础上并叠加“动能”来实现的。

图3-6　“发条蓄势”动作

发力击球前，躯干带动引拍通过充分向后转的“发条蓄势”动作，使相关肌肉群“拧紧”保持蓄势待发的状态，进而获得向前击球用力的的势能，有助于向前击球动作的快速用力。

图3-7 “弹力蓄势”动作

为了脚步随时快速起动，身体要获得充分的“弹力蓄势”，即身体重心下沉，使膝、踝等关节肌肉适度绷紧，保持蓄势待发状态。

5. 转腰、转肩还是转胯

经常听到人们在讨论正手进攻的击球时是转腰、转肩还是转胯？“三把钥匙”教学法中强调的“躯干”动作，包括了髋关节和与之相连的腰椎、胸椎等关节的运动。

在启蒙阶段的初学者中，应该特别强调躯干动作用力的整体性，即躯干中相关关节同时用力。

如果一定要分析参与运动的躯干诸关节动作的先后顺序，那么，依据运动生物力学中关节活动顺序性的规律——“虽然运动链中各个关节同时用力，但总是大关节最先产生运动，然后依据关节的大小出现一定的先后顺序”，在躯干动作中，髋关节是人体最大的关节，自然最先产生运动；然后，较小的腰椎、胸椎等关节按顺序产生运动。

如正手进攻技术训练中，主动强调大关节“转胯”的动作将有利于整体动作的完成；反之，若将“转腰”视作先转动腰椎关节的动作，则会出现转动肩膀的“假转腰”现象，击球时会感觉来球“顶”住自己，出现拉不开手、发不出力的状况，并且容易受伤。这就是进行分析的实际意义。

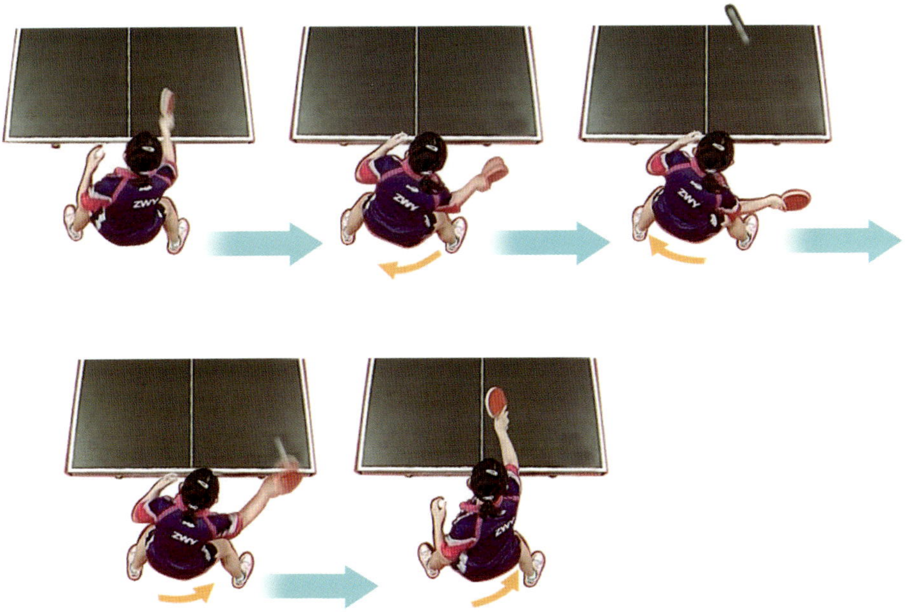

图3-8　俯视正手近台正手攻球髋关节转动带动引拍向后和挥拍迎击球

学习、掌握乒乓球击球动作的第一把钥匙——“躯干带动四肢”的基础用力十分重要。这是人体运动的规律，是乒乓球训练教学过程中观察、诊断、寻找挥拍动作“乱象”根源的钥匙。如果发现击球的挥拍轨迹出现明显问题，只要从“躯干带动四肢”的用力原理出发，调整躯干动作的用力方向和躯干与四肢用力的先后顺序就能使动作问题得到明显改善。即“动作乱，找躯干！”

（二）第二把钥匙：驾驭弧线的调节用力——“顶拨加旋擦”

影响击球弧线的主要因素是击球旋转，学习和理解第二把钥匙“顶拨加旋擦”可以迅速掌握击球瞬间制造旋转并驾驭弧线的“调节用力”。

1. 制造“弧线”的击球用力如何作用于击球瞬间

球拍撞击并摩擦来球——驾驭击球弧线动作的瞬间手上的用力行为，这一动作非常短暂，普通摄像机拍不清楚，肉眼更是难以判断，但它的重要性不言而喻。

根据对人体关节都是杠杆结构的认识，可以将击球瞬间的用力拆分为球拍背面手指向击球方向的“顶拨”用力（杠杆动作产生的撞击力）和前臂内旋或外旋的“旋擦”用力（杠杆动作转化的摩擦力）这两个分力。通常大多数击球用力都是这两个分力的合成。

图3-9　直拍正手进攻时的“顶拨与旋擦”

击球瞬间，中指1向击球方向用力“顶住”来球的中上部，将挥拍用力加速作用于击球；随即叠加内旋前臂2的用力，并通过中指1带动球拍加速“旋擦”制造旋转，驾驭击球弧线。

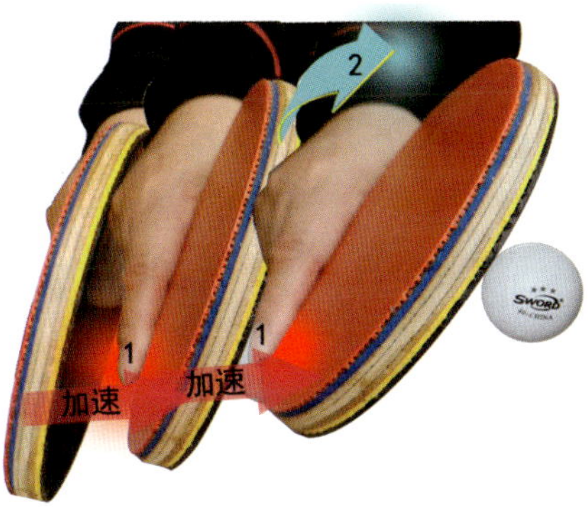

图3-10　横拍正手进攻时的“顶拨与旋擦”

击球瞬间，食指1向击球方向用力“顶住”来球的中上部，将挥拍用力加速作用于击球；随即叠加内旋前臂2的用力，并通过食指1带动球拍加速“旋擦”制造旋转，驾驭击球弧线。

2. 如何调节用力驾驭击球弧线

“顶拨加旋擦”就是击球瞬间我们不易察觉的“调节用力”，通常说的所谓“击球手感”指的就是在上述两个分力间调节的精细感觉。击球瞬间“顶拨力”有微调击球方向、出球速度和弧线长短的作用，击球瞬间的“旋擦力”有增加旋转、制造并改变弧线的作用。因此，“顶拨力”不足，击球不实，容易下网；相反“旋擦力”不足，撞击过大，弧线不够，容易出界。

3. “顶拨加旋擦”的用力方式提高了挥拍加速度

有一种说法认为击球瞬间只有不足千分之一秒的时间，根本来不及做任何调节动作。这种说法的依据是20世纪80年代日本人做的一次实验，他们用高速飞行的球去撞击粘有不同覆盖物的球拍，包括海绵胶皮拍和单胶皮拍，实验得出，球体在球拍上停留的时间数据都是千分之0.7秒左右，据此认为在如此短的击球瞬间做出“顶拨加旋擦”的动作是不可能的。但是，他们忽略了一个事实，那次试验只是球拍被球撞的被动撞击实验，球拍本身并没有动作，因此得出的数据不足以说明挥拍动作在瞬间击球的实际时长。

在实际击球过程中包括发球、拉球、搓球和削球等制造不同旋转的击球动作，从击球人的体验上来说，变化运用这些技术时，也不可能都是千篇一律地触球时长都是千分之0.7秒左右。

其实，提高击球旋转的本质是延长击球瞬间球体在球拍上滚动摩擦的距离，而“摩擦距离”的长短在球拍触球角度一定的情况下，主要取决于挥拍加速度。挥拍加速度在球拍重量一定的情况下与挥拍用力成正比，而挥拍用力又与参与动作的肌肉群多少成正比。参与“顶拨加旋擦”动作用力的肌肉群无疑比单纯“斜撞”用力动作参与的肌肉群多，自然挥拍加速度会更快，在这种情况下，其制造旋转、驾驭弧线的能力高于单纯“斜撞”摩擦动作就不言而喻了。

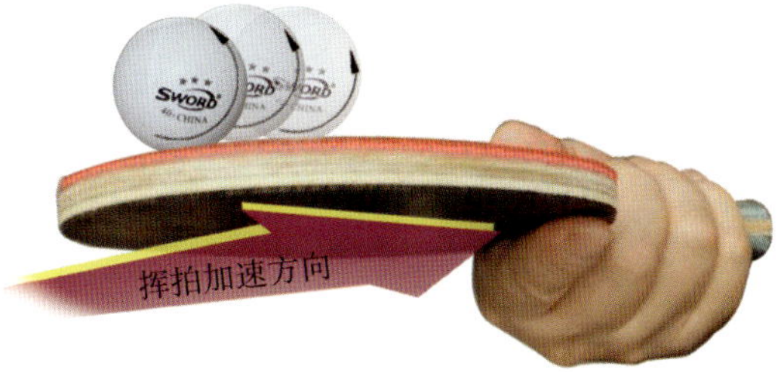

图3-11 挥拍加速滚动摩擦制造击球旋转

4. 手腕可以“转动”摩擦击球吗

有一种说法认为击球时靠手腕转动“打、摩”来球制造旋转控制弧线，其实这种说法不准确。受生理结构的限制，腕关节可以做屈、伸、外展、内收和四点环绕动作，唯独不能围绕着球体做转动动作。我们看到的所谓击球时的“手腕转动”其实是由前臂的内旋和外旋动作带动持拍手完成的。因此，在实施摩擦球、驾驭弧线的技术练习时，片面突出强调腕关节的动作用力，忽略前臂的旋转用力会陷入“拍形晃动、摩擦失控”的误区。

击球瞬间调节用力动作的正确理解和表述应该是：球拍背面的手指在击球瞬间向击球方向用力，透过球拍顶住来球，并融入前臂旋转的用力摩擦球（顶住来球向前跟进的“旋擦”）。需要强调的是，理想的合理击球用力是一个整体动作的运动链，应该是躯干的用力通过手臂和球拍作用于击球的瞬间叠加手指与前臂“顶拨加旋擦”的动作用力，在躯干用力方向的基础上加速动作，驾驭击球的速度、旋转、弧线将球击出。

5.“收前臂”和“转前臂”的作用

有人问：“在持器械的运动中，包括标枪、铁饼、羽毛球、网球等几乎所有的用力动作都是从近身到离身的由近及远、由内到外的动作用力行为，在乒乓球的反手击球动作也是如此，那为什么唯独乒乓球的正手攻球却要强调收前臂？‘收’的词义难道不是向内的用力吗？”这的确是个很好的问题。

首先，我们应该从生物力学的角度上界定“收前臂”的含义，人体的很多关节肌肉运动都符合杠杆原理。杠杆结构包括支点、阻力点和力点，运用杠杆原理对运动进行分析是运动力学分析的重要手段。“收前臂”的手臂动作即肱二头肌收缩屈起前臂的动作，支点在肘关节中心，力点是肱二头肌在桡骨粗隆上的附着点上，阻力点是持拍手。由于力点在肘关节与持拍手之间，因此，从肘关节的支点到肱二头肌的力点之间的力臂始终小于从肘关节支点到持拍手阻力点之间的阻力臂。肱二头肌收缩用力大于阻力时可以使阻力点上的持拍手获得较大的运动速度和幅度，这就是速度杠杆的作用。

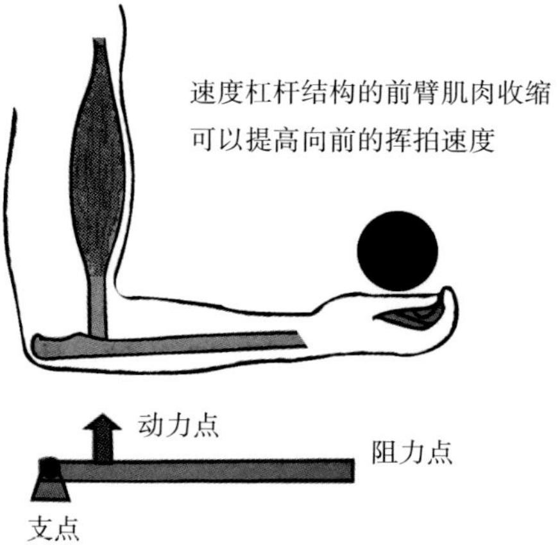

图3-12　肘关节与前臂速度杠杆结构

因此，在说“收前臂”的时候，不能因字面上那个“收”字就将其理解为“回收”前臂的向内用力，而应该正确理解它是为了获得更大的向前击球的挥拍速度和幅度的动作用力行为。

在经典的教科书上说“收臂”是为了在击球瞬间快速摩擦球、制造弧线（据查这个说法最早源自20世纪60年代）。也就是说，制造旋转、驾驭弧线需要球拍在击球瞬间产生足够的摩擦距离，根据距离=速度×时间的公式，在不能明显延长触球时间的前提下，提高挥拍速度成为增加“摩擦距离”的主要因素。根据加速度的定律——加速度=力量/重量，由于球拍的重量是恒定的，因此，挥拍加速度的提高主要取决于挥拍力量的增加。增加力量的直接办法就是增加参与挥拍加速动作的肌肉群，如果在坊间流行的“斜撞打摩”式挥拍动作的基础上再增加参与“斜撞”动作的肌肉收缩用力，必然受到个体的局限，因此，叠加参与前臂“旋擦”动作的肌肉用力无疑是增加挥拍加速度过程中的力量因素，自然也就延长了击球瞬间的“摩擦距离”，从而增加了击球旋转和驾驭击球弧线的控制力，这就是“顶拨加旋擦”的瞬间击球用力模式优于单纯“斜撞打摩”用力模式的机理。

目前，已到了弧圈球进攻的全面对抗时代，“收前臂”带来的挥拍速度和动作幅度已经远远不能满足现代弧圈球攻击的需要，现在的进攻旋转与速度同等重要，近台与离台的进攻交替发生。特别是40+新材料大球推行以来，运动员挥拍击球的目的不是为了省力，而是为了获得更大的挥拍速度和动作幅度，这就需要增加动作中的“阻力臂”，增加从支点到持拍手之间的长度，这时候的许多击球动作需要以躯干轴心为支点，将前臂和上臂组成一个较长的阻力臂，以求获得更大的挥拍加速度和动作幅度。延长了阻力臂的挥拍动作，使速度杠杆的支点从肘关节移到躯干轴心，支点的改变使许多击球动作都没有明显的“收前臂”动作参与其中。因此，单纯依靠收前臂加速“斜撞打摩”制造弧线的用力方法也必须与时俱进，用这个观点观察当前多数人击球制造弧线的用力行为，不难发现，“顶拨加旋擦”的击球摩擦已经是技术动作进化的主流现象了。

图3–13　延长阻力臂可以获得更大的动作幅度和更快的挥拍加速度

驾驭击球弧线的调节用力是在“躯干带动四肢的基础用力”上的叠加，是来自击球瞬间手指“顶拨”与前臂“旋擦”的配合动作。在各种复杂的乒乓球技术中，这种简单的“调节用力”无处不在。无论攻球、拉球、搓球、削球、甚至发球莫不如此。理解了“顶拨加旋擦”的调节用力机制，就可以让初学者在训练中自觉提升调节用力的体验，迅速掌握驾驭击球的技巧，同时也可以清晰地理解高手击球瞬间的用力技巧。

（三）第三把钥匙：影响击球用力协调的辅助用力——握拍用力

1. 合理握拍

“合理握拍”要求握拍的手指能高效地将用力作用到球拍的击球部位，并能灵活调节作用于击球。

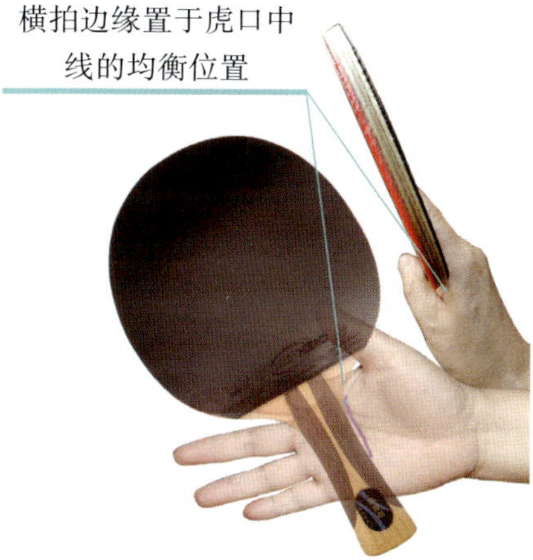

图3-14　横握拍

一般来说横拍的握拍应该将球拍置于虎口中线附近，保持正反手握拍深度均衡。

直握拍的拍柄背面贴靠在虎口食指根部的“硬处”

图3-15　直握拍

直拍的握拍应该注意将拍柄的背面靠在虎口食指根部的关节“硬处”，而不应让其完全陷入虎口柔软部分之中，否则会使拍柄在击球瞬间失去稳定的支点，直接影响击球调节用力。

2. 合理用力

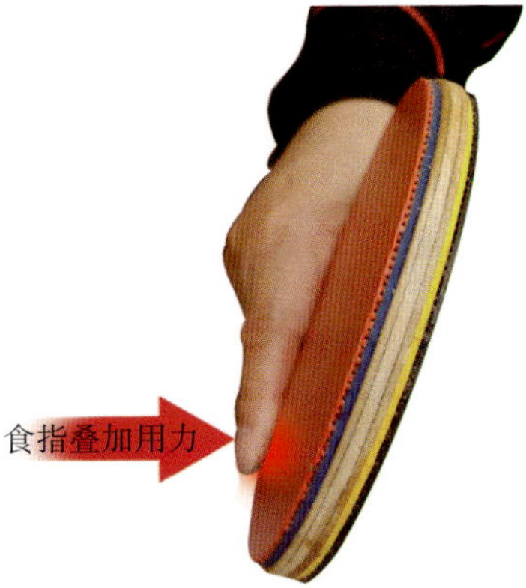

横握拍的正手击球用力通过食指透过球拍作用于击球

图3-16　横握拍（正手）

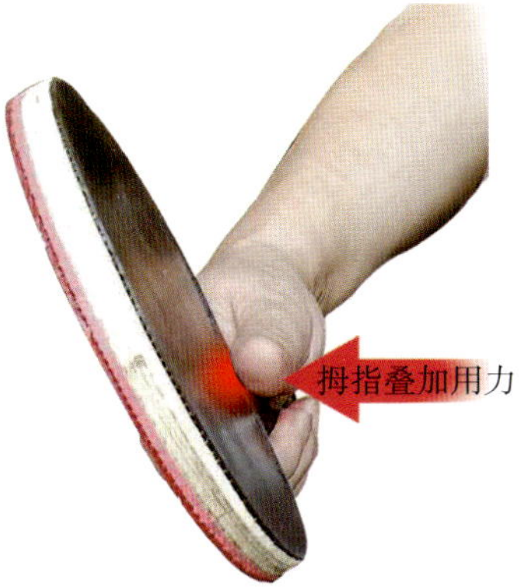

横握拍的反手击球用力通过拇指透过球拍作用于击球

图3–17　横握拍（反手）

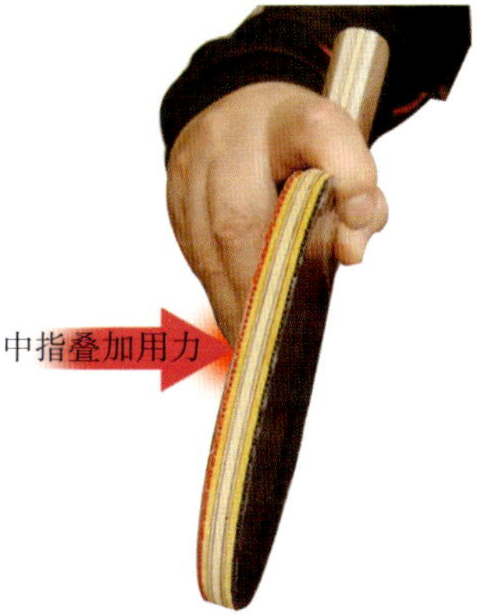

直拍的击球用力通过中指透过球拍作用于击球

图3–18　直拍

无论是正面击球还是背面击球，直拍的击球用力都是通过中指透过球拍作用于击球的。

3. 握拍用力变化

为了提高击球的精细调节能力，横拍台上击球时的握拍用力应该将力量主要集中在拇指、食指和中指这三个手指上，而不要用小指、无名指和中指紧紧握住拍柄。但是，在离台击球时中指、无名指和小指应该适度紧握拍柄，以延长击球用力的阻力臂，提高击球瞬间的挥拍速度。

直拍台上击球时应该使球拍背面的中指、无名指和小指保持适度弯曲，提高台上击球调节用力的灵活性和精度，但在离台击球时，需要将球拍背面的三个手指适度伸出用力顶住球拍，提高进攻的挥拍加速度。

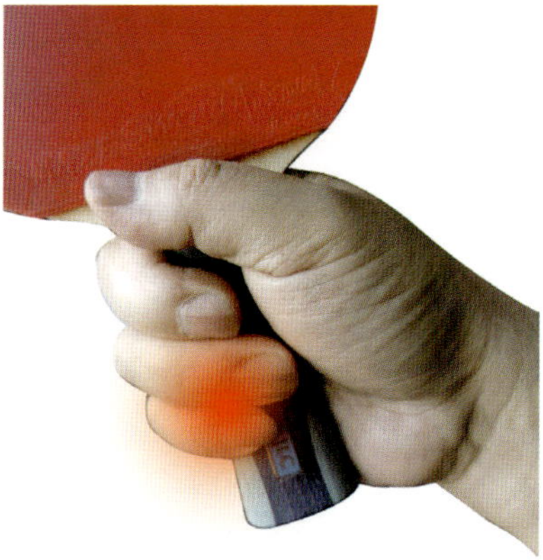

图3–19　手指握紧拍柄靠后的部位

横拍离台进攻或防守击球时，手指握紧拍柄偏后的位置，可以提高挥拍加速度和动作幅度。

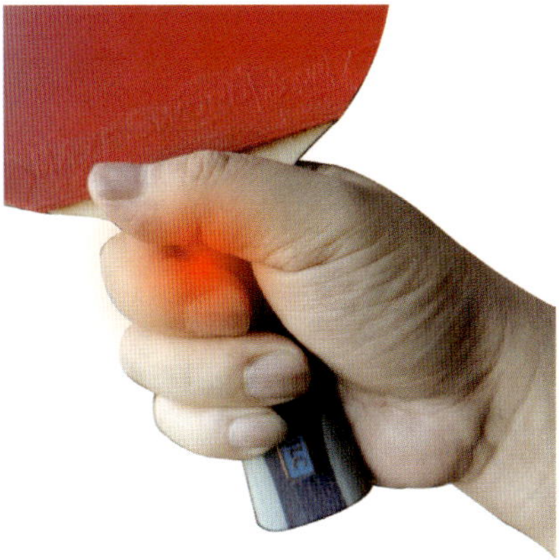

图3-20　手指握紧拍柄靠前的部位

横拍发球、台上进攻或控短球时，手指握紧拍柄靠前的位置，可以提高击球控制的准确性和灵活性。

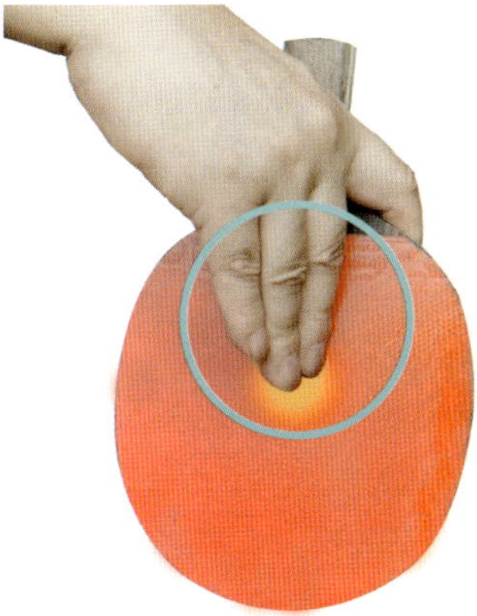

图3-21　直握拍背后手指伸直用力

离台进攻时，背后的手指伸直顶住球拍，可以提高进攻的稳定性和力量。

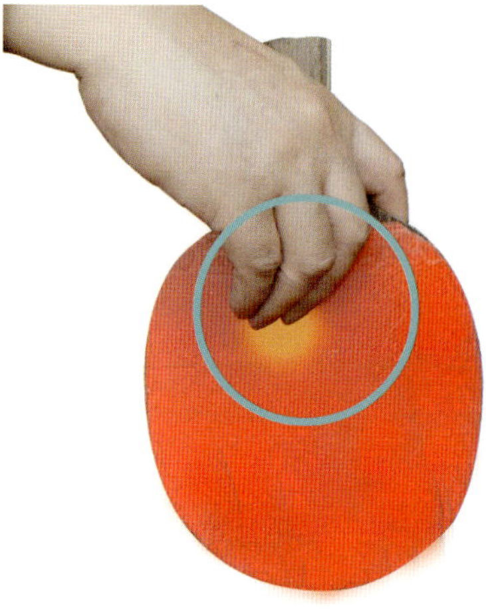

图3-22 直拍台上击球时后三指弯曲用力

直拍发球、台上进攻或控球时，背后的手指半弯曲顶住球拍，可以提高击球的灵活性。

4. 拍头预置位置

“拍头与来球所处的相对位置”是指球拍的拍头部分在击球前预置位的高低。拍头预置位低于来球（类似吊板的状态），可以在击球时利用手腕肌肉群拉伸后的弹力蓄势，这样的拍头预置位置有助于摩擦用力制造弧线；提高拍头的预置位击球，有助于在相持时采用借力、加力、合力击球的过程中控制击球弧线；拍头的预置位置高于来球，有助于在借力、减力和防御加转弧圈球时的击球弧线控制。

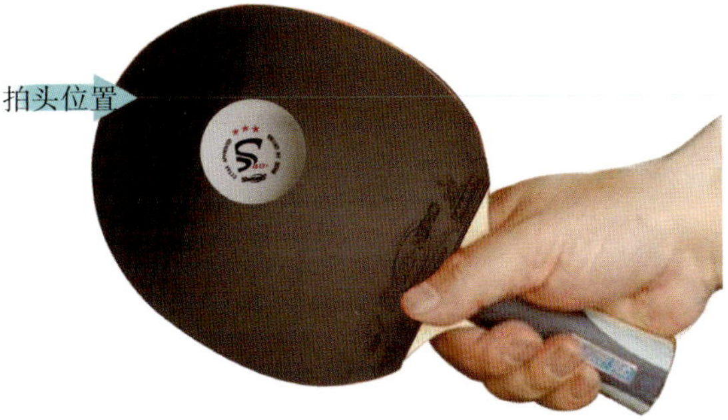

图3-23　拍头预置位高于来球

触球前拍头预置位高于来球，有利于压低弧线。

图3-24　拍头预置位与来球等高

触球前拍头预置位置与来球等高，适宜在对攻、对拉时控制弧线高度。

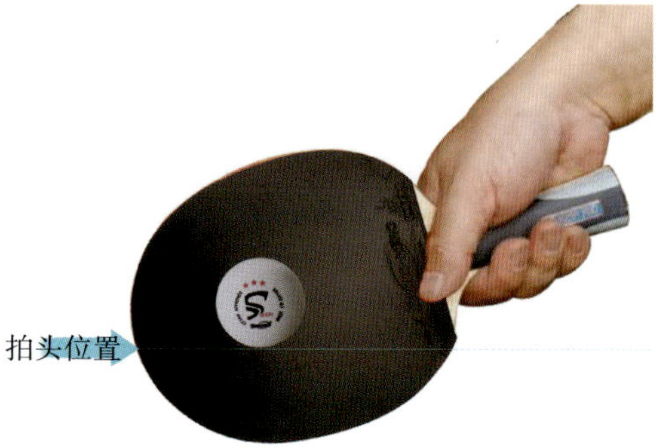

图3-25　拍头预置位置低于来球

触球前拍头预置位置低于来球，有利于拉球摩擦、制造弧线。

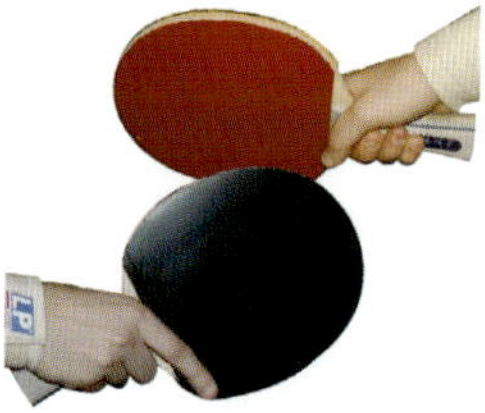

张怡宁的横拍握拍法

马琳的直拍握拍法

马龙正手、反手进攻时的握拍法

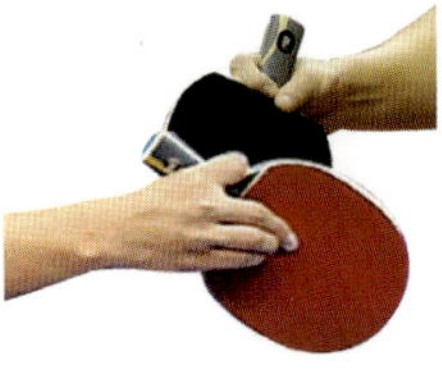

王皓直拍横打时的握拍法

图3-26　优秀运动员握拍介绍

握拍用力对击球动作用力有潜在的影响。因此，在解决基础用力和调节用力的过程中，如果还有明显的不尽人意之处，应该从握拍用力上寻找突破口。

【小结】“三把钥匙”教学法是迄今为止最直接、最简单、最有效的技术动作教学法，它是技术动作教学法的突破性创新：不仅是教学工具，可以用于教学指导，包括帮助初学者学习、掌握合理的技术动作；还是检测工具，可以用于诊断各类技术问题，帮助不同技术水平的训练者纠正错误动作；更是观察的“慧眼”，可以用来观察和分析新技术和高难动作。如发球、摆短、拧拉等，进而帮助基层教练员清晰地认识和理解高难度动作的用力行为。学习和掌握“三把钥匙”教学法可以迅速提高基层教练员的执教能力。

第四章　击球的五个重要环节

【目的】通过训练，提高对击球五个重要环节的认识，可以在学习各项击球技术的过程中，提高击球的准确性，减少失误。

一、判断来球

通过训练，提高对来球线路、落点和旋转的判断能力，养成盯球的习惯和预判断的意识，这是提高初学者击球控球能力的基础。初学者可以从预判断选位准备入手，逐步提高综合判断能力。

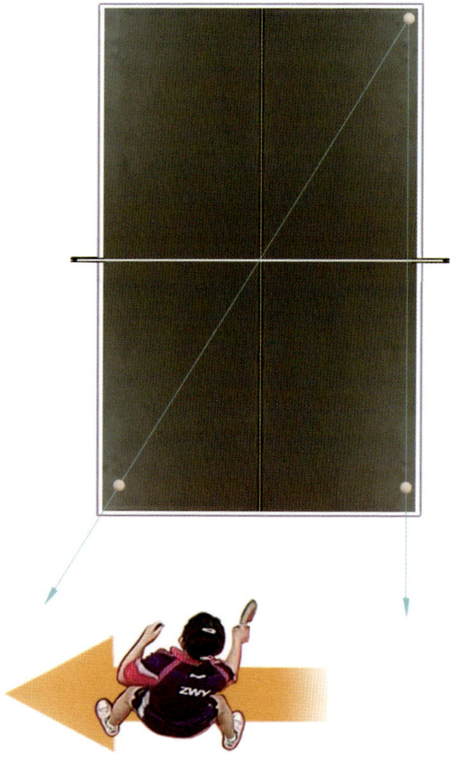

图4-1　对来球线路、落点预先判断的向左选位准备

当回球到对方左角，为防备对方左侧大角度回球，应该提前向左侧适当移动选位，做预先判断准备。

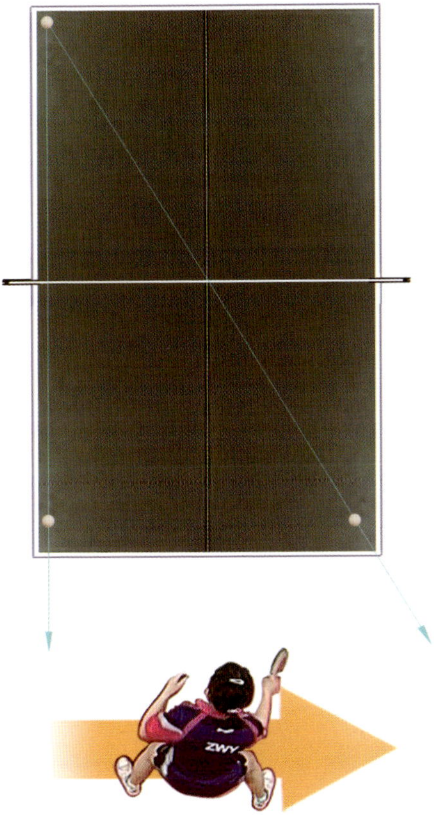

图4-2　对来球线路、落点预先判断的向右选位准备

当回球到对方右角，为防备对方右侧大角度回球，应该提前向右侧适当移动选位，做预先判断准备。

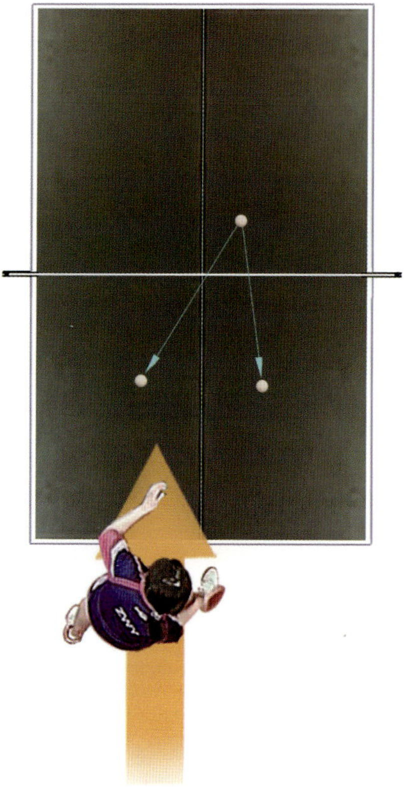

图4–3　对来球线路、落点预先判断的向前选位准备

当回低球到对方近网，为防备对方回球近网，应该提前适当向前移动选位，做预先判断准备。

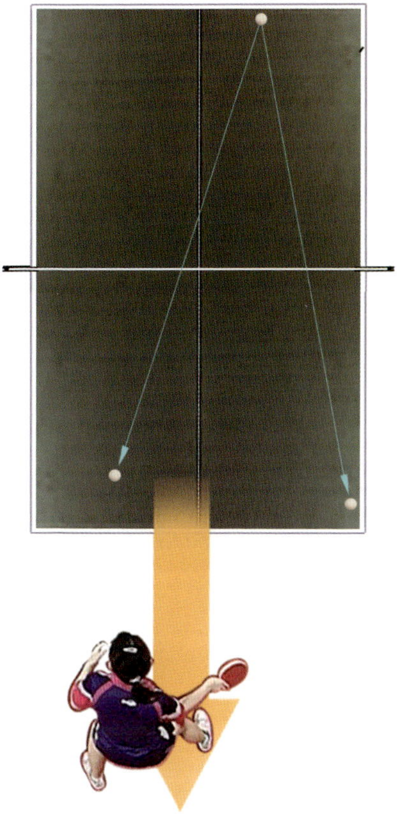

图4–4　对来球线路、落点预先判断的向后移动选位准备

当回球到对方可能进攻的落点，为防御对方进攻的长回球，应该适当提前向后移动选位，做预先判断准备。

二、击球时间

通过训练提高对击球时间的认识和判断，在练习不同击球技术时选择相对适宜的击球时间，有助于提高初学者击球的准确性。

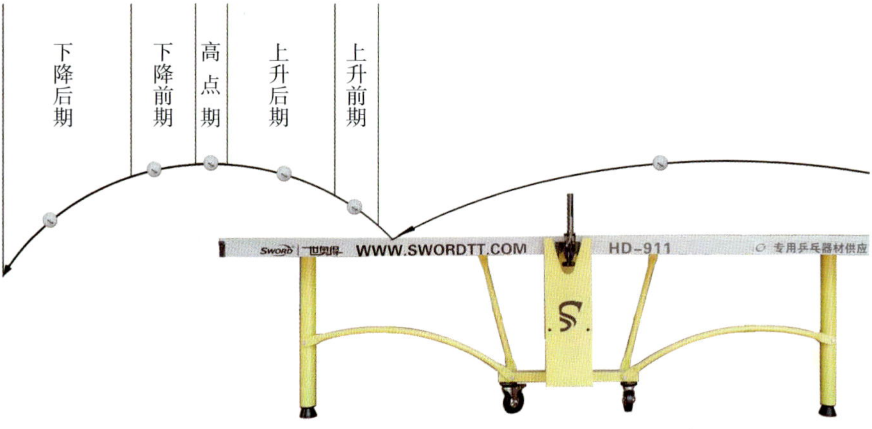

图4-5　击球时间

（一）上升期

1. 上升前期

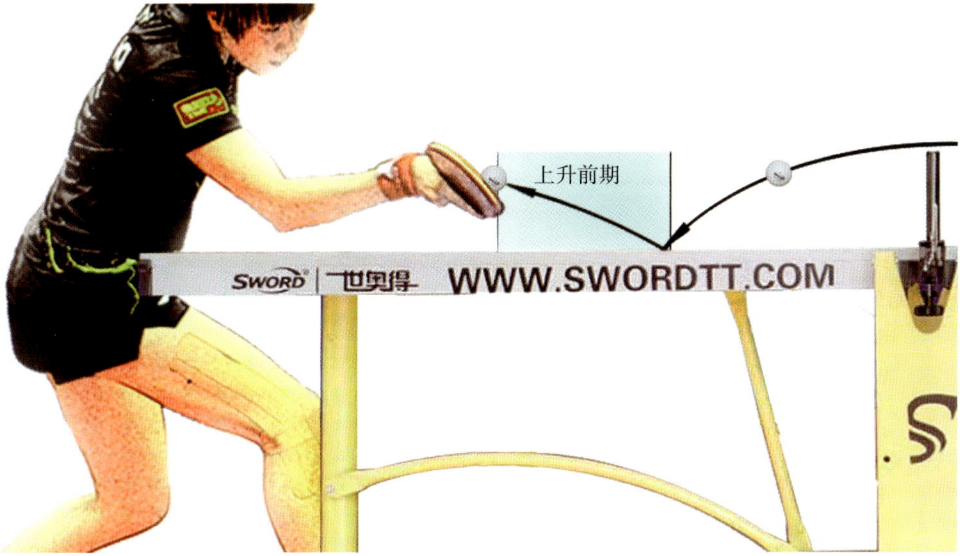

图4-6　在来球的上升前期击球

对应使用的技术：平挡、快搓、摆短等需要借力击球的技术。

2. 上升后期

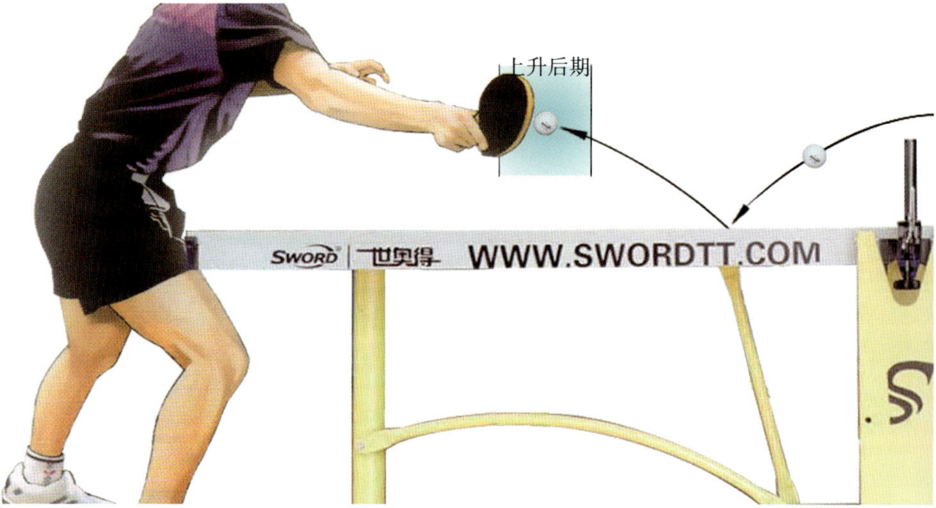

图4–7　在来球的上升后期击球

对应使用的技术：台内挑打、拧拉、快攻、快带、反撕等需要借力、加力击球的技术。

（二）高点期

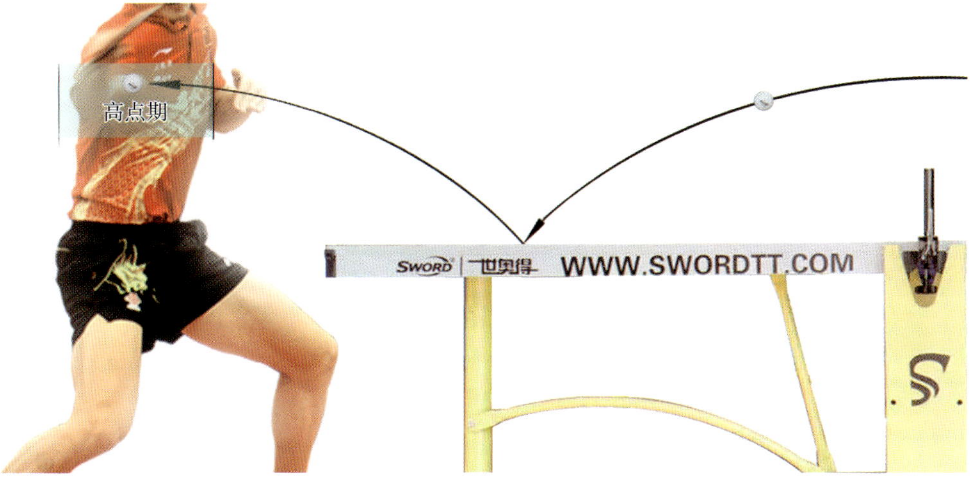

图4-8　在来球的高点期击球

对应使用的技术：加力进攻、扣杀、反拉等需要主动发力击球的技术。

（三）下降期

1. 下降前期

图4-9 在来球的下降前期击球

对应使用的技术：拉弧圈球、拉下旋球、削球手的搓球、扣杀机会球和高球等主动用力技术。

2. 下降后期

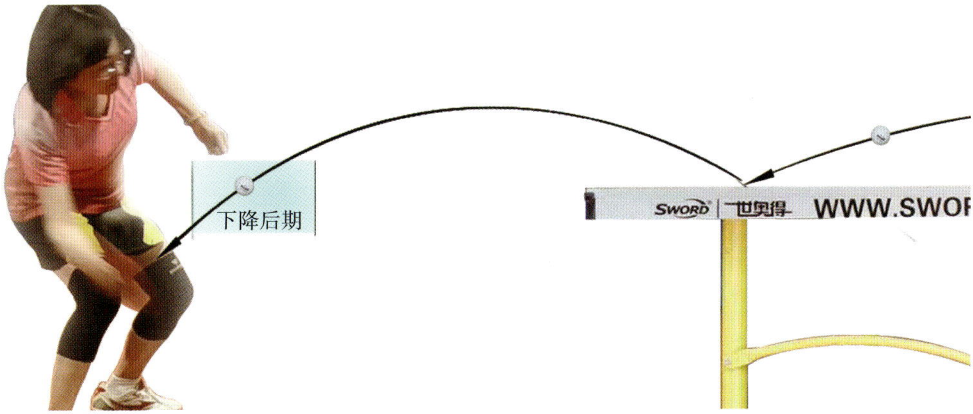

图4-10　在来球的下降后期击球

对应使用的技术：削球、放高球等防御技术。

三、击球位置

通过训练，养成保持挥拍击球点与躯干适宜位置（角度与距离）的习惯，提高初学者击球用力和击球弧线控制能力的稳定性。

（一）进攻时的击球位置

身前稍远的击球位置，适合进攻发力、特别是离台的进攻。

（二）相持中的击球位置

身前适中的击球位置，适合中近台的对攻相持和攻防转换。

（三）防守时的击球位置

身前较近的击球位置，适合近台击球控制，特别是防御。

正手近台攻球在躯干右侧膝前方的击球位置C

图4-11　正手攻球击球位置

反手近台攻球在身前C位置上击球

图4-12　反手攻球击球位置

四、用力方式

通过训练，学习击球用力的几种方式，重点掌握自主发力与合力击球的用力技巧，为进一步学习掌握运用不同力量击球，丰富技战术的灵活性打下基础。

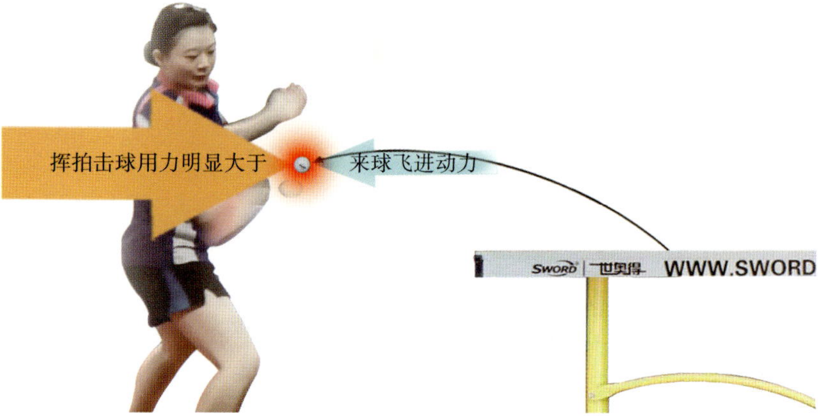

图4-13　自主发力击球

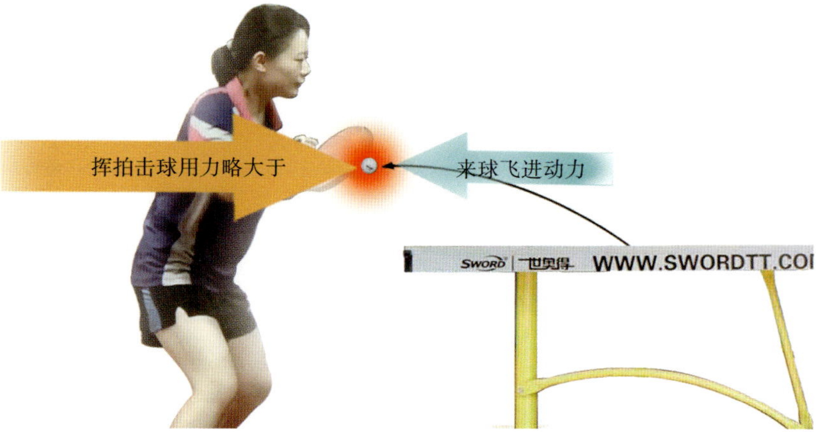

图4-14　借力、加力的合力击球

图4-15　减力击球

五、变化拍形与摩擦用力

通过训练，学习运用变化拍形角度和摩擦用力相结合的击球方法，提高驾驭击球的应变能力，为初学者进一步提高回击复杂变化来球的能力打基础。

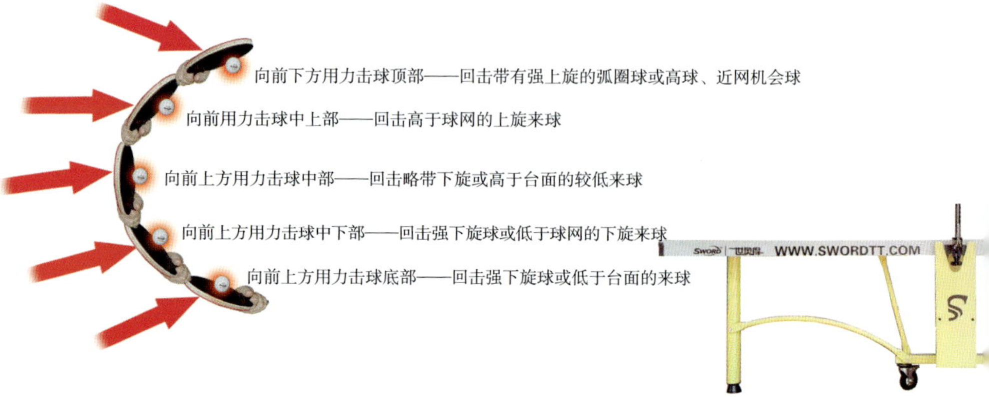

图4-16　变化触球的拍形角度，应对不同高度和旋转的来球

击球时，变化击球瞬间手指“顶拨用力”的方向，不用变化触球部位也可以应对不同旋转的来球

图4-17　变化击球用力的方向，应对不同旋转的来球

【小结】如果说学习“三把钥匙”教学法能帮助击球人迅速掌握合理的击球用力，提高技术质量，那么，学习击球的五个重要环节可以帮助击球人合理应对不同来球、减少失误，提高驾驭击球的应变能力。

第五章　合法发球

【目的】通过训练，按照合法发球的规则养成合法发球的习惯，初步掌握发急长球、短球和下旋球的技术要领。

一、按照规则规定练习发球

规则要求：发球击球时应该在发球方的端线（包括延长线）之后，必须在发球开始时将球自然置于不持拍手的手掌上，手掌张开，保持静止。发球员须用手将球几乎垂直向上抛起，不得使球旋转，使球离开手掌之后上升不少于16厘米，球下降到被击出前不能碰到任何物体。

（一）发球的击球点必须在球台端线及其延长线之外——合法区域

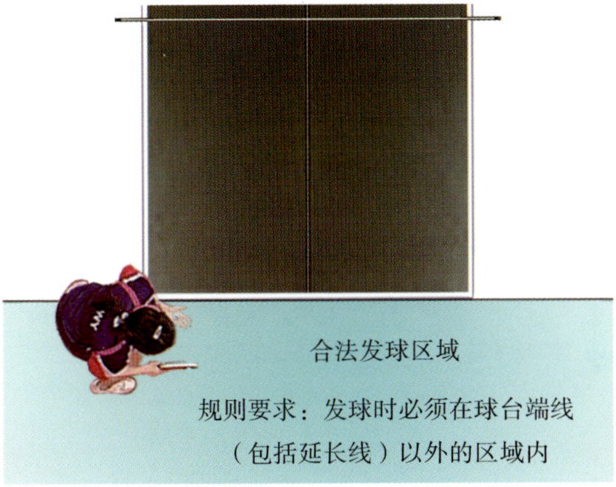

图5-1　在球台端线之外的区域内发球

选择发球击球时在球台前的位置，为今后学习发球抢攻打下基础。

（二）发球时的要求

图5-2　发球前

规则要求：发球前持球手要静止、伸平。

图5-3　对发球时抛球的要求

规则要求：发球时用手将球几乎垂直向上抛起，离开抛球手上升不少于16厘米，待球下降时才可以发球。

图5-4　发球无遮挡的规定

规则要求：发球时身体到球网的两边呈一个倒三角的区域内不得有任何遮挡。

总之，必须严格按照规则练习发球并养成习惯，避免在比赛中出现发球犯规的情况。

二、发急长球的要领

（1）向击球方向转动躯干带动挥拍，发球位置尽量接近球台。

（2）待球回落至略低于球网的高度时，挥拍用力集中于球拍背面的手指，向靠近球台端线的落台点用力顶住球。

（3）发球瞬间叠加外旋前臂的用力提高挥拍加速度。

图5-5　侧身发急长“奔球”

三、发轻短球的要领

（1）向击球方向转动躯干带动挥拍，发球位置尽量接近球台。

（2）待球回落至略高于球网的高度时，挥拍用力集中于球拍背面的手指，向靠近球台中段的落台点用力顶住球。

（3）发球瞬间叠加外旋前臂的用力提高挥拍加速度。

图5–6　侧身发轻短球

四、发下旋转球与侧旋球、不转球的动作区别

直拍侧身用力向前摩擦球体的底部，发下旋转球

直拍侧身向下用力摩擦球体的侧面，发侧旋球

图5-7 直拍侧身发不同旋转球的动作区别

横拍侧身发侧旋、不转球时，躯干1向发球方向转动带动持拍手2向前下方加速挥拍，在击球瞬间叠加食指3向落台点用力顶住球体中部偏下，随即外旋前臂4向左下方用力摩擦球的中下部

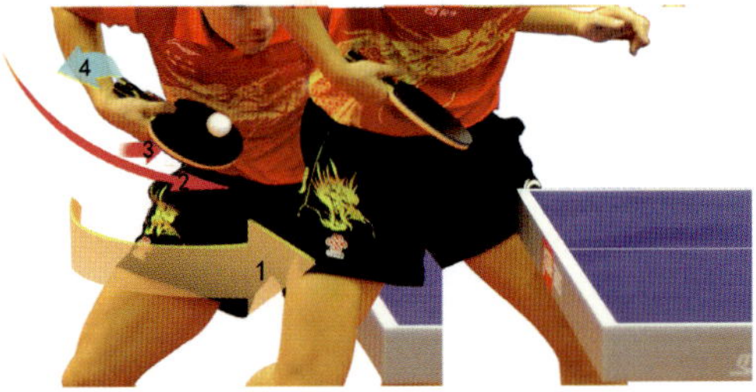

横拍侧身发下旋球时，躯干1向发球方向转动带动持拍手2向下前方加速挥拍，在击球瞬间叠加食指3向下前方用力顶住球体的底部，随即外旋前臂4加速向前摩擦球至底部

图5-8　横拍侧身发不同旋转球的动作区别

横拍反手发球瞬间用向下摩擦球的动作1发出侧旋球；用向前摩擦球的动作2发出下旋球

图5-9　横拍反手发不同旋转球的动作区别

五、其他常见发球介绍

图5-10　砍式发球

图5-11　高抛发球

图5-12　逆旋发球

第六章　正手近台进攻上旋球

【目的】正手进攻是乒乓球主要进攻技术之一，正手近台攻球是指站位靠近球台用正手进攻上旋球或不转球，通过练习掌握合理的正手近台攻球动作，为发展自己的近台进攻、对攻和防御反攻等技术打好基础。

一、准备位置

正手近台进攻上旋球站位准备在靠近球台的中间位置。

图6-1　正手近台进攻上旋球的准备位置

二、击球时间

正手近台进攻上旋球在来球的上升后期至高点期间击球。

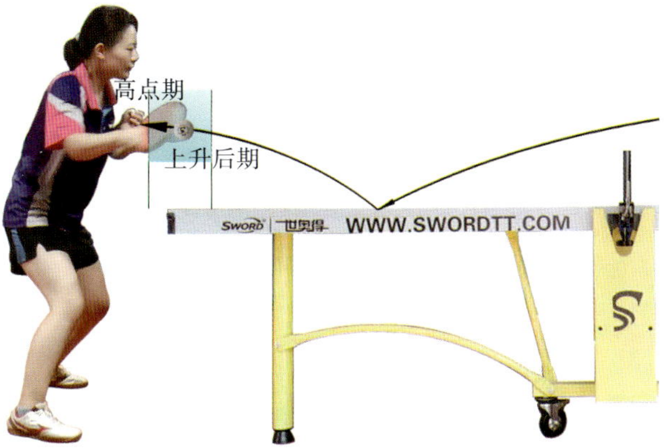

图6-2　正手近台进攻上旋球的击球时间

三、用力方向

正手近台进攻上旋球的用力方向为向前为主的用力。

图6-3　正手近台进攻上旋球的用力方向

四、击球位置

正手近台进攻上旋球的击球位置在躯干A–B右侧前方的位置C附近。

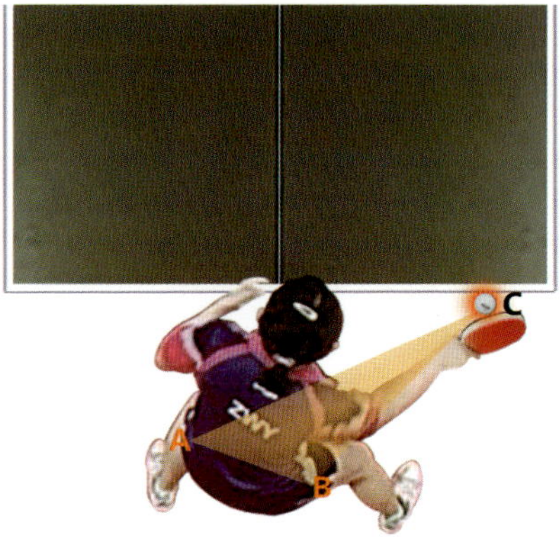

图6–4　正手近台进攻上旋球的击球位置

五、触球部位

正手近台进攻上旋球瞬间球拍击球体中部偏上的部位。

图6–5　正手近台进攻上旋球的触球部位

六、用力方式

正手近台进攻上旋球采用借力、加力“合力”击球的用力方式。

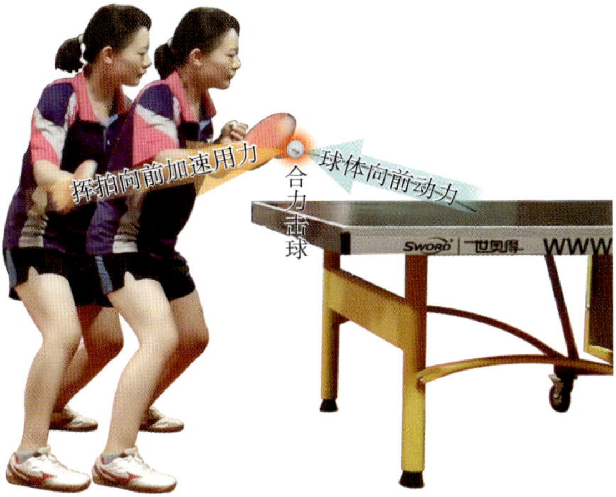

图6-6　正手近台进攻上旋球的用力方式

七、用力顺序

（1）击球之前，躯干向右后方转动，带动身体重心移至左腿的同时向后引拍“蓄势”。

（2）击球时，躯干释放“势能”向击球方向转动，带动挥拍“叠加”用力加速迎前，身体重心也随之转移至右腿支撑。

（3）触球瞬间，在挥拍用力的基础上球拍背面的手指向击球方向用力透过球拍顶住来球的中上部，随即“叠加”外旋前臂的用力摩擦击球，并使这一“旋擦”用力融入手指击球的“顶拨”用力之中。

（4）根据击球需要在“顶拨力”与“旋擦力”之间调节，驾驭击球的旋转与弧线。

“三把钥匙教学法”
从右侧视角解析横拍正手近台进攻上旋球动作的用力行为

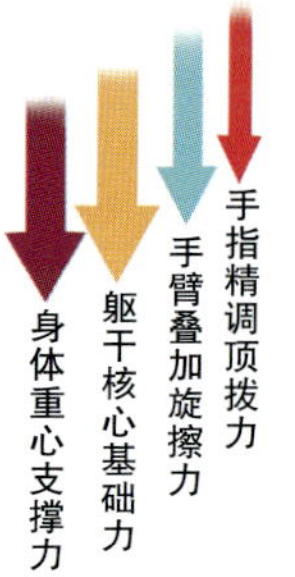

躯干1向后转动“蓄势”，同步带动身体重心2向左移动，以及带动引拍向后至身侧，拍面对准来球中部

在左腿2的支撑下，躯干3向击球方向转动，释放储存的“势能”，并叠加用力同步带动身体重心支点5向击球方向转动，以及带动手臂4叠加用力挥拍迎前，把躯干3与挥拍4动作产生的“动能”传递到球拍击球处，通过食指6向击球方向用力透过球拍顶住来球中上部

击球瞬间，身体重心完全移至右腿支撑，右脚须“踩实”地面，稳定支撑躯干和挥拍动作，同时食指6叠加用力透过球拍向击球方向用力顶住来球中上部，随即前臂7内旋用力摩擦球，并将制造旋转的“旋擦力”融入食指6的“顶拨力”之中，调节“顶拨与旋擦”用力，驾驭弧线，准确击球。这时右腿5完全支撑身体重心，刹住躯干和挥拍动作的惯性

图6–7　从右侧视角解析横拍正手近台进攻上旋球动作的用力行为

“三把钥匙教学法”
从右侧视角解析直拍正手近台
进攻上旋球动作的用力行为

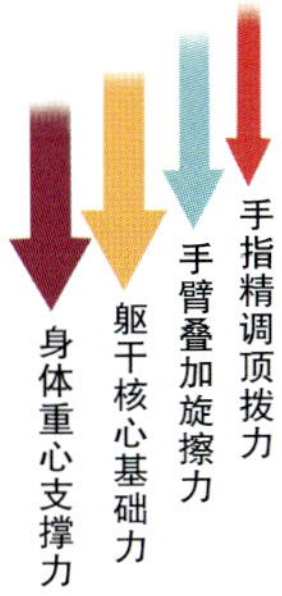

躯干1向后转动“蓄势”，同步带动身体重心2向左腿移动，以及手臂2向后引拍至身侧，拍面对准来球中部

躯干3在左腿2的支撑下，向击球方向转动，释放躯干向前的“势能”，并叠加向前用力，同步带动身体重心向击球方向移动，以及挥拍4加速迎前击球

身体重心5随着躯干3的带动移至右腿支撑，同时加速带动挥拍4迎前击球，在击球瞬间，右脚5“踩实”地面，稳定支撑躯干3和挥拍4的向前用力动作，同时食指6向击球方向用力，透过球拍顶住来球，随即内旋前臂7将摩擦球的“旋擦力”融入食指6，控制球拍，调节用力，驾驭击球弧线。这时右腿5完全支撑身体重心，刹住躯干和挥拍动作的惯性

图6-8　从右侧视角解析直拍正手近台进攻上旋球动作的用力行为

“三把钥匙教学法”
从背后视角解析横拍正手近台
进攻上旋球动作的用力行为

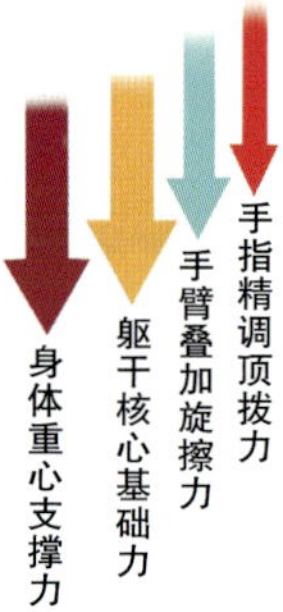

躯干1向后转动“蓄势”，同步带动身体重心2向左移动和手臂2向后引拍

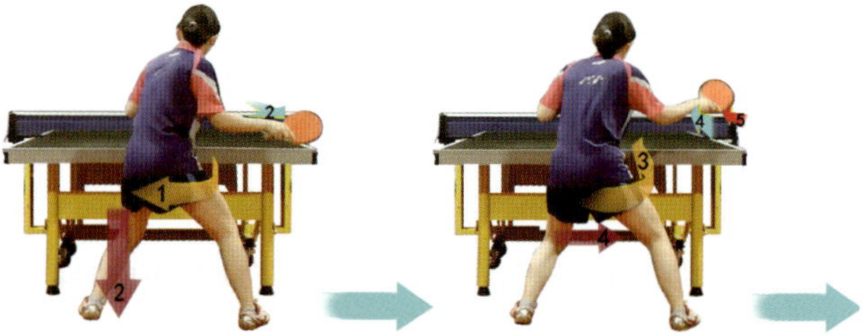

躯干1继续向后转动“蓄势”，带动手臂2引拍至身侧，身体重心2移至左侧下肢支撑

躯干3向击球方向转动释放“势能”，并叠加向前用力，同步带动身体重心4向击球方向移动、以及手臂4加速挥拍迎前和食指5在触球时顶住来球

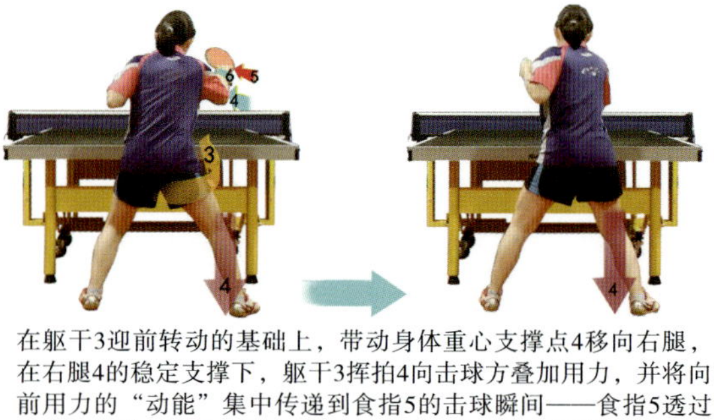

在躯干3迎前转动的基础上，带动身体重心支撑点4移向右腿，在右腿4的稳定支撑下，躯干3挥拍4向击球方叠加用力，并将向前用力的“动能”集中传递到食指5的击球瞬间——食指5透过球拍向击球方向叠加用力顶住来球中上部，随即前臂6内旋用力摩擦球，并将制造旋转的“旋擦力”融入食指5的“顶拨力”之中，调节“顶拨与旋擦”用力，驾驭弧线，准确击球

图6-9 从背后视角解析横拍正手近台进攻上旋球动作的用力行为

八、步法移动

（一）正手向右“并步”移动进攻的步法介绍

（1）击球前，躯干向右移动带动身体重心下沉，使右腿向下获得“弹力蓄势”，同时躯干向后转动带动引拍获得“发条蓄势”。

（2）击球时，躯干向击球方向转动释放右腿的“势能”，随即左脚叠加蹬地的用力向右脚并拢移动，同时，在右腿的稳定支撑瞬间躯干带动挥拍加速迎前保证击球准确。

（3）击球后，左脚落地支撑身体重心，右脚随即蹬地移步向右迈出落地支撑，刹住动作向右移动的惯性，身体重心顺势下沉，使左腿获得“弹力蓄势”，准备下一次移动。

“三把钥匙教学法”
用躯干带动四肢的用力顺序解析正手向右“并步”移动，进攻右方大角度来球的步法动作

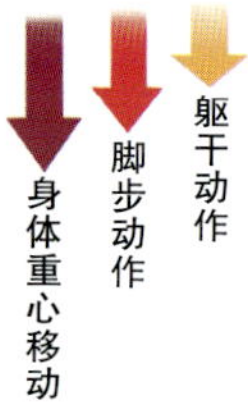

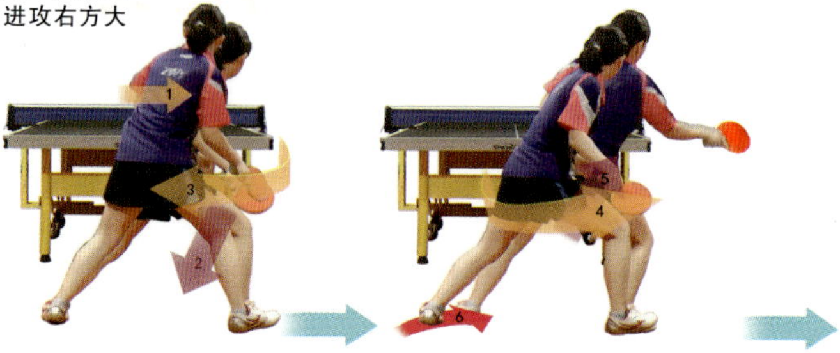

击球前：躯干向右移动带动身体重心下沉，使右腿做向下获得“弹力蓄势”，同时躯干向后转动带动引拍获得“发条蓄势”

击球时：躯干向击球方向转动释放右腿的“势能”，随即左脚叠加蹬地的用力向右脚并拢移动，同时在右腿的稳定支撑瞬间，躯干带动挥拍加速迎前保证击球准确

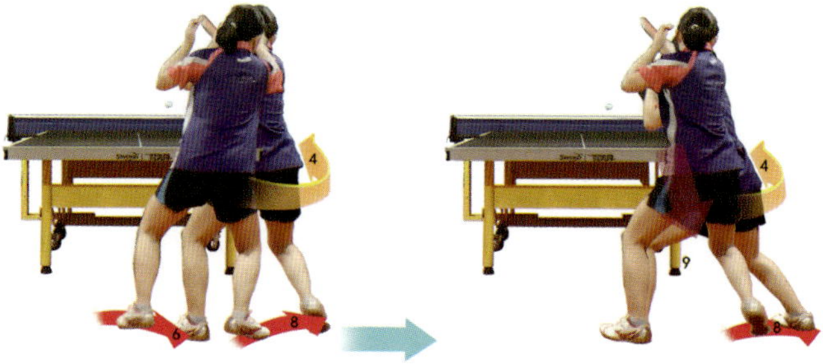

击球后：左脚落地支撑身体重心，右脚随即蹬地移步向右迈出落地支撑，刹住动作向右移动的惯性，身体重心顺势下沉，使左腿获得“弹力蓄势”，准备下一次移动

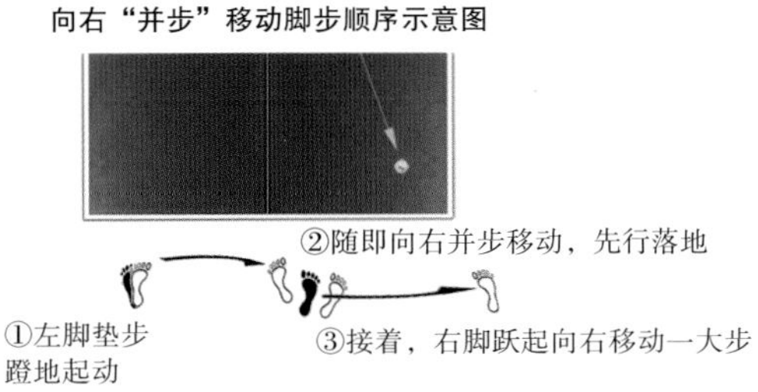

图6-10 用躯干带动四肢的用力顺序解析正手向右"并步"移动，进攻右方大角度来球的步法动作

（二）正手向左"跳步"移动进攻的步法介绍

（1）击球前，躯干向左侧移动，带动身体重心向下做"弹力蓄势"动作，然后躯干向后上方转动，带动身体重心释放"弹力势能"，随即双脚叠加用力向左方跳起，同时，躯干继续向左后方转动做"发条蓄势"动作，并带动双脚跳起后的移动方向，在躯干的带动下，右脚率先落地，支撑点移身体平衡，在右腿的支撑下，躯干继续后转，带动引拍向后充分"蓄势"，与此同时，左脚落地支撑"刹住"身体动作的惯性。

（2）击球时，在右腿的稳定支撑下，躯干向击球方向转动释放"势能"，并叠加用力，带动挥拍加速迎前击球，完成正手向左"跳步"移动的攻球动作。

（3）击球后，准备再次起动衔接、再移动和连续击球。

“三把钥匙教学法”
用躯干带动步法移动的顺序，解析正手向左“跳步”移动进攻左方来球的步法动作

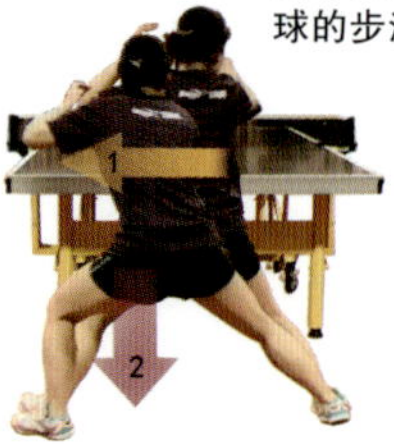

躯干1向左侧移动，带动身体重心2向下做“弹力蓄势”动作

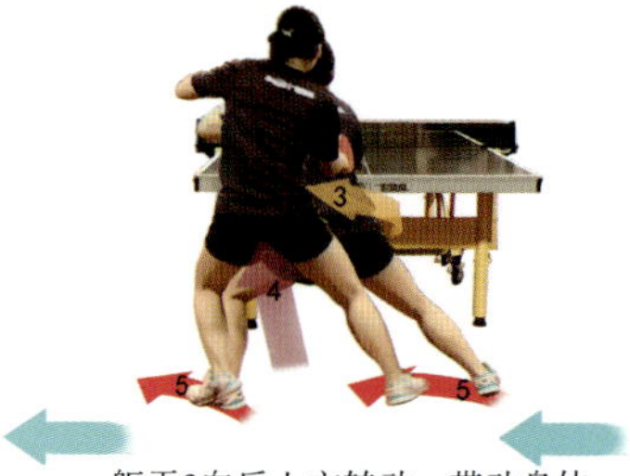

躯干3向后上方转动，带动身体重心4释放“弹力势能”，随即双脚5叠加用力向左方跳起

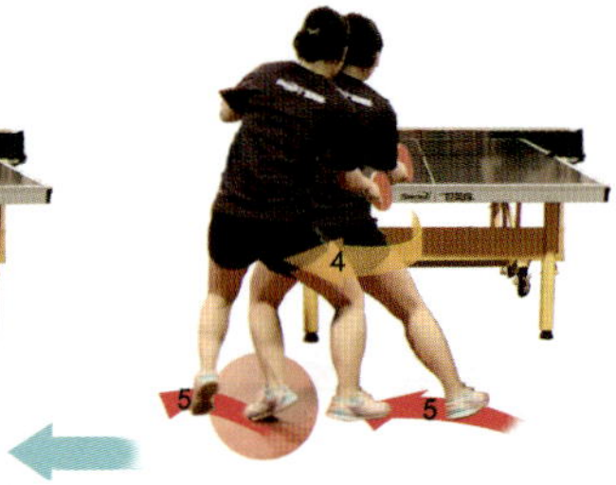

躯干4继续向左后方转动做“发条蓄势”动作，带动双脚5跳起后向左移动方向

在躯干4的带动下，右脚5率先落地，并使身体重心支撑点6移至右腿，左脚7顺势向左伸出

躯干4继续后转，在身体重心6的支撑下带动引拍充分“蓄势”，同时左脚7落地支撑刹住身体动作的惯性

在右腿6的稳定支撑下，躯干8向击球方向转动释放“势能”，并叠加用力，带动挥拍加速迎前击球，完成正手向左“跳步”移动攻球动作。随即再次起动衔接、再移动、连续击球

向左“跳步”移动示意图

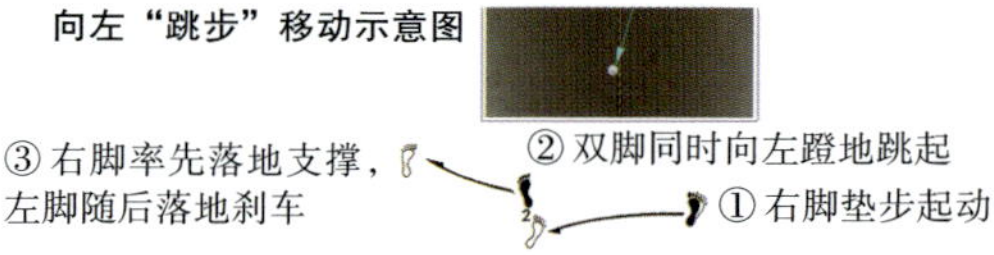

图6-11　用躯干带动步法移动的顺序，解析正手向左“跳步”移动进攻左方来球的步法动作

第七章　正手进攻下旋球

【目的】正手进攻下旋球是初学者重要的进攻技术之一。通过练习，掌握合理的正手进攻下旋球的动作用力，特别是进攻下旋球过程中摩擦球驾驭弧线的用力技术，为发展发球抢攻、进攻搓球和拉攻削球等技术打好基础。

一、准备位置

正手进攻下旋球的准备位置通常选在靠近球台中线的反手一侧的位置。

图7-1　正手进攻下旋球的准备位置

二、击球时间

正手进攻下旋球时通常选择在来球的下降前期击球。

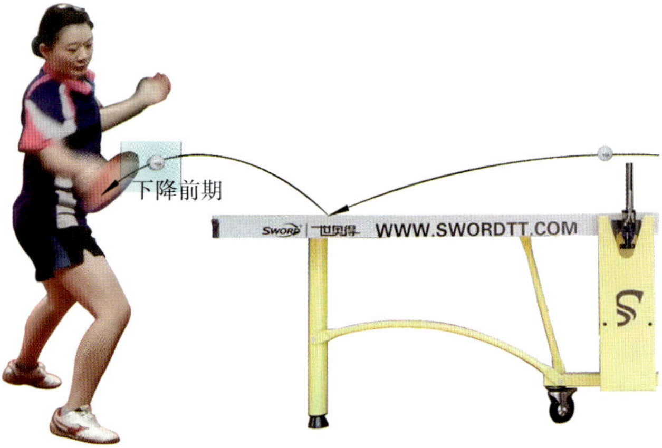

图7-2　正手进攻下旋球的击球时间

三、用力方向

正手进攻下旋球的用力方向为向前上方用力。

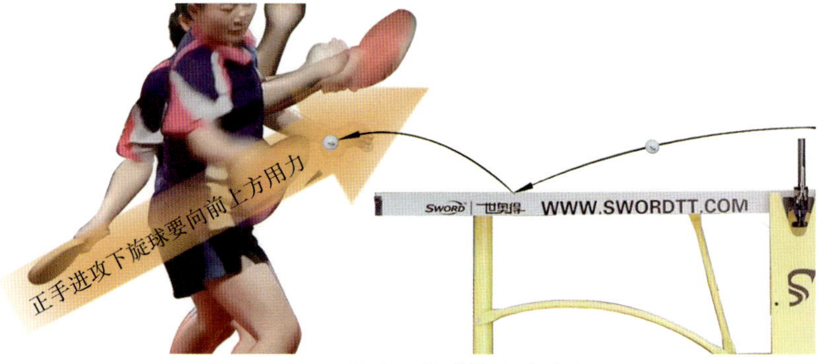

图7-3　正手进攻下旋球的用力方向

四、击球位置

正手进攻下旋球的击球位置在躯干A–B右侧略前的位置C附近。

图7–4　正手进攻下旋球的击球位置

五、触球部位

正手进攻下旋球的瞬间球拍击球体中部至中上部的部位。

图7–5　正手进攻下旋球的触球部位

六、用力方式

正手进攻下旋球采用主动发力的击球用力方式。

图7-6　正手进攻下旋球的用力方式

七、用力顺序

（1）击球前，躯干向后转动，充分做“发条蓄势”动作，并带动持拍手向后引拍，同时右脚移动，向击球位置移动。

（2）击球时，躯干向击球方向转动释放“势能”，带动身体重心转至右腿支撑的同时，带动持拍手“叠加”用力加速迎前，根据来球旋转在来球的下降前期至高点期击球中部或中上部。

（3）击球瞬间，在右腿的稳定支撑下，将挥拍用力集中通过球拍背面的手指向击球方向透过球拍顶住来球，随即“叠加”

前臂内旋用力摩擦球，并将制造旋转的“旋擦力”融入顶住来球的手指“顶拨力”之中作用于击球。

（4）根据击球需要，在“顶拨力”与“旋擦力”之间调节用力，制造旋转，控制弧线，驾驭击球。

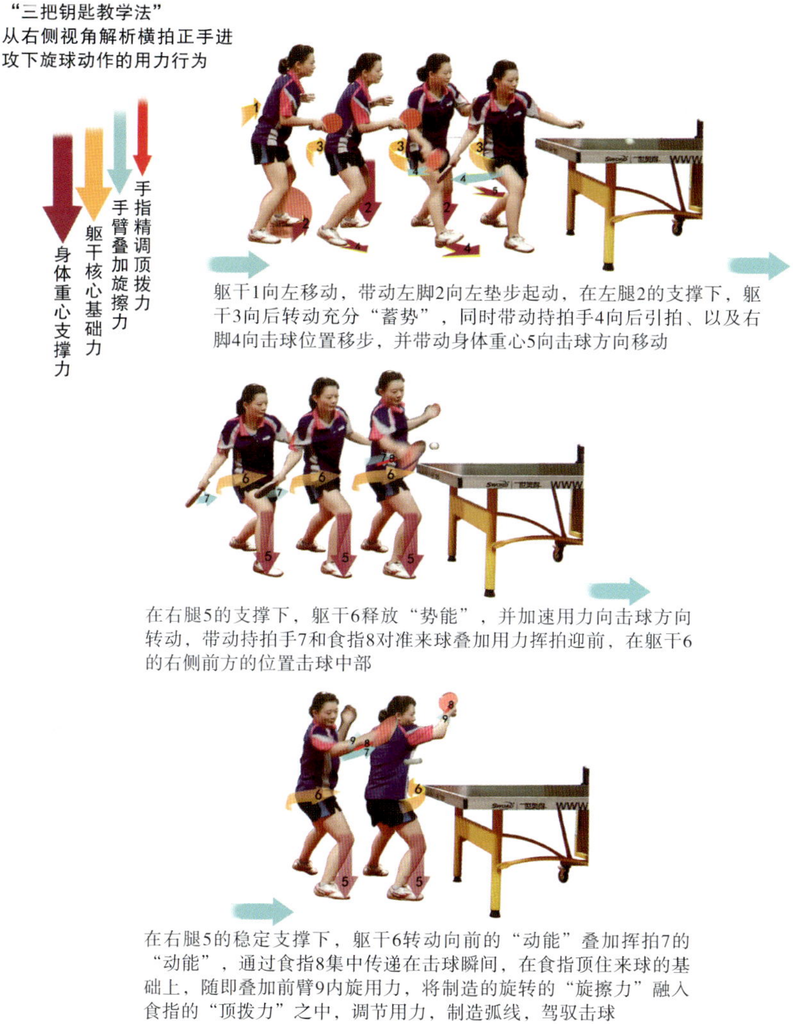

图7-7　从右侧视角解析横拍正手进攻下旋球动作的用力行为

"三把钥匙教学法"
从右侧视角解析直拍进攻
下旋球动作的用力行为

躯干1向后转动，将身体重心支撑点移至左腿2；随着躯干1后转"蓄势"用力，带动持拍手3向后引拍，同时右脚3提步移动到准备击球位置

躯干4向击球方向转动，释放"势能"的同时叠加用力带动身体重心支撑点5和持拍手5同步向击球方向转动，并将身体重心支撑点移至右腿；在右腿5的支撑下，躯干4带动持拍手5叠加用力挥拍迎前，并将躯干转动4和挥拍5加速的"动能"传递到持拍手的中指6，透过球拍击球中部

在右腿5稳定的支撑下，躯干4向前转动和持拍手5向前挥拍产生的"动能"集中传递到球拍击球处，在击球瞬间，球拍背面的中指6向击球方向叠加用力顶住来球中部，随即叠加前臂7内旋动作用力，摩擦击球，并将制造旋转的"旋擦力"融入中指6的"顶拨力"中，调节"顶拨与旋擦"用力，驾驭弧线，准确击球

图7-8　从右侧视角解析直拍进攻下旋球动作的用力行为

八、步法移动

（1）击球前，左脚“垫步”起动，随后上体向来球方向倾斜，与此同时，躯干向后用力转动带动手臂向后引拍和右脚提步向击球位置“跨步”移动，随即躯干向后转动，带动引拍做“发条蓄势”动作，在充分蓄势的同时下降身体重心积累“弹力势能”。

（2）击球时，在右腿的稳定支撑下，躯干向击球方向转动，释放“势能”带动挥拍并加速迎前击球，同时，带动身体重心向击球的前上方移动，释放“弹力势能”，带动左脚蹬地叠加用力向右脚靠拢。击球时躯干始终在右腿的稳定支撑下，完成带动手臂加速挥击动作用力，随后左脚向右前方收回撑地，“刹住”躯干与挥拍向左的惯性随动，完成整个“跨步”移动正手击球动作。

“三把钥匙教学法”
用躯干带动四肢的用力顺序解析正手向右“跨步”移动，进攻右方来球的步法动作

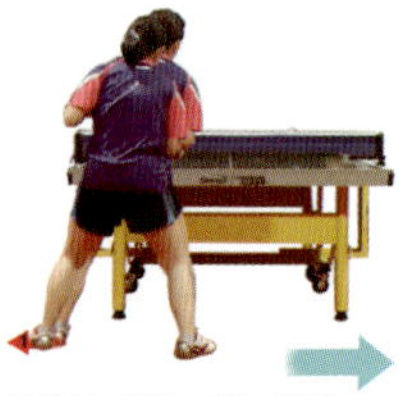

左脚1“垫步”起动，向左移一小步

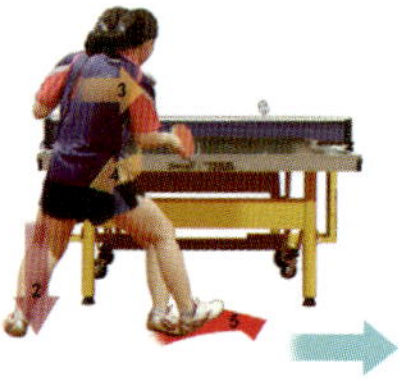

在左腿2支撑身体重心时，上体3向来球方向倾斜，同时躯干4向后用力转动带动手臂向后引拍和右脚5提步向击球位置“跨步”移动

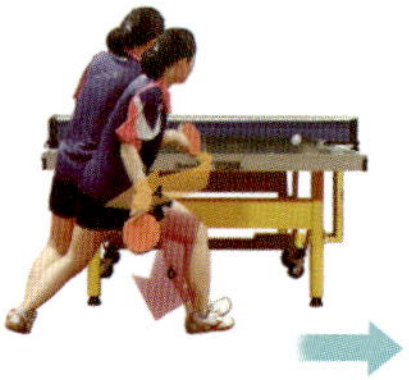

躯干4向后转动带动引拍做“发条蓄势”动作充分蓄势的同时，下降身体重心6积累“弹力势能”

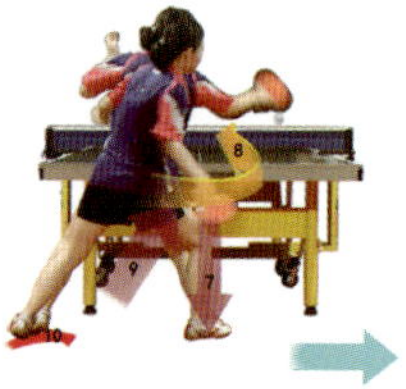

在右腿7的稳定支撑下，躯干8向击球方向转动，释放“势能”带动挥拍并加速迎前击球，同时带动身体重心9向击球的前上方移动释放“弹力势能”，带动左脚9蹬地叠加用力向右脚靠拢

躯干8始终在右腿7的稳定支撑下，带动手臂挥拍加速击球，随即左脚10向右前方回收撑地，刹住躯干与挥拍向左的惯性随动，完成整个“跨步”移动正手击球动作

“跨步”移动脚步顺序示意图

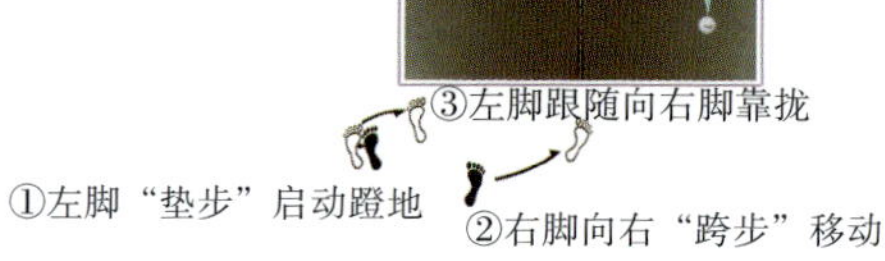

图7-9 用躯干带动四肢的用力顺序解析正手向右“跨步”移动，进攻右方来球的步法动作

第八章　正手离台进攻上旋球

【目的】通过体验练习，掌握合理的正手离台进攻上旋球的动作用力，特别是进攻上旋球过程中的用力时间、用力方向和用力控制，为发展正手进攻的攻击范围打下基础。

一、准备位置

正手离台进攻上旋球时通常选择站在离台1米左右的位置附近准备。

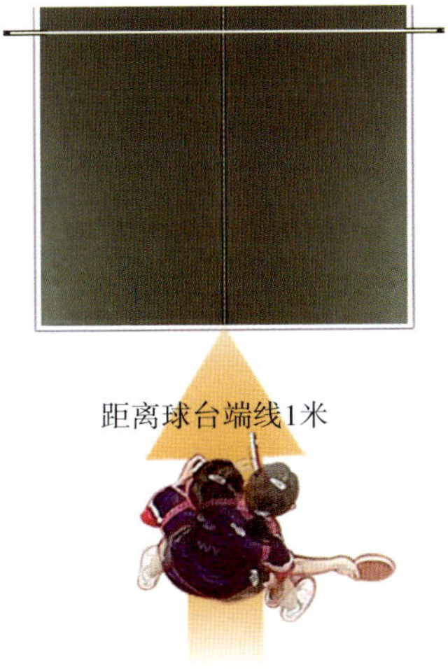

图8-1　正手离台进攻上旋球的准备位置

二、击球时间

正手离台进攻上旋球时通常选择在来球的下降前期击球。

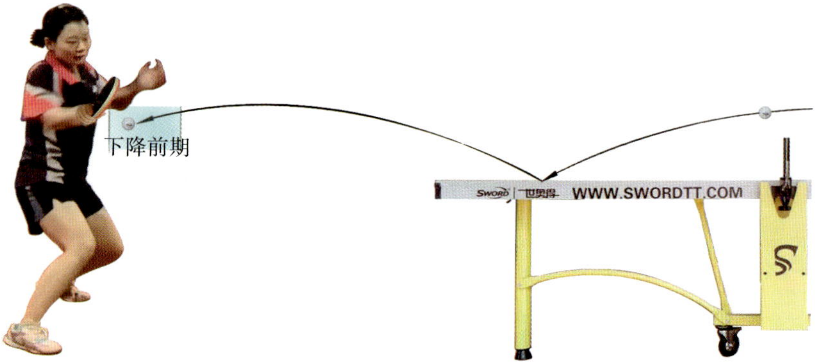

图8-2　正手离台进攻上旋球的击球时间

三、用力方向

正手离台进攻上旋球的用力方向为向前用力击球。

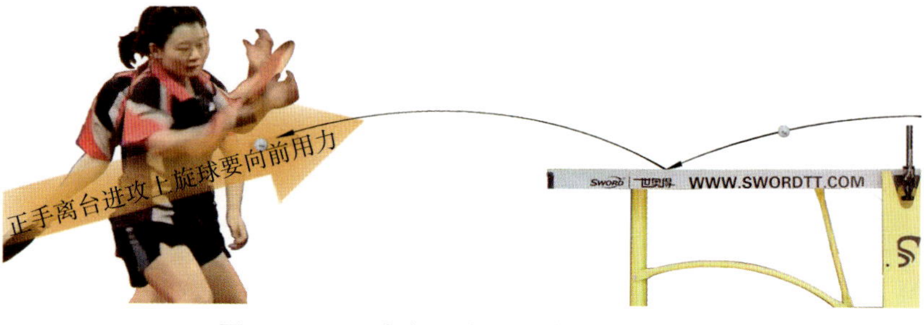

图8-3　正手离台进攻上旋球的用力方向

四、击球位置

正手离台进攻上旋球的击球位置应该保持在躯干A-B右侧略前的位置C附近。

图8-4　正手离台进攻上旋球的击球位置

五、触球部位

正手离台进攻上旋球时应该击球的中上部。

图8-5　正手离台进攻上旋球的触球部位

六、用力方式

正手离台进攻上旋球时需要主动发力驾驭击球弧线。

图8-6　正手离台进攻上旋球的用力方式

七、用力顺序

（1）击球前，躯干向后转动，做充分的“发条蓄势”动作，带动身体重心移至左腿，同时，带动持拍手向后引拍“蓄势”。

（2）击球时，躯干向击球方向转动释放“势能”，并用力加速，带动右脚移动至合适的击球位置，继而使身体重心移至右腿支撑，同时，带动持拍手向击球方向“叠加”用力加速挥拍，根据需要选择在来球的下降前期或高点期击球中部至中上部。

（3）击球瞬间，在右腿的稳定支撑下，将挥拍的用力通过球拍背面的手指用力向击球方向顶住来球，随即“叠加”内旋前臂的用力摩擦球，并将摩擦球的“旋擦力”融入顶住球的手指“顶拨力”之中作用于击球。

（4）根据击球需要，在“顶拨力”与“旋擦力”之间调节用力，制造旋转，控制弧线，驾驭击球。

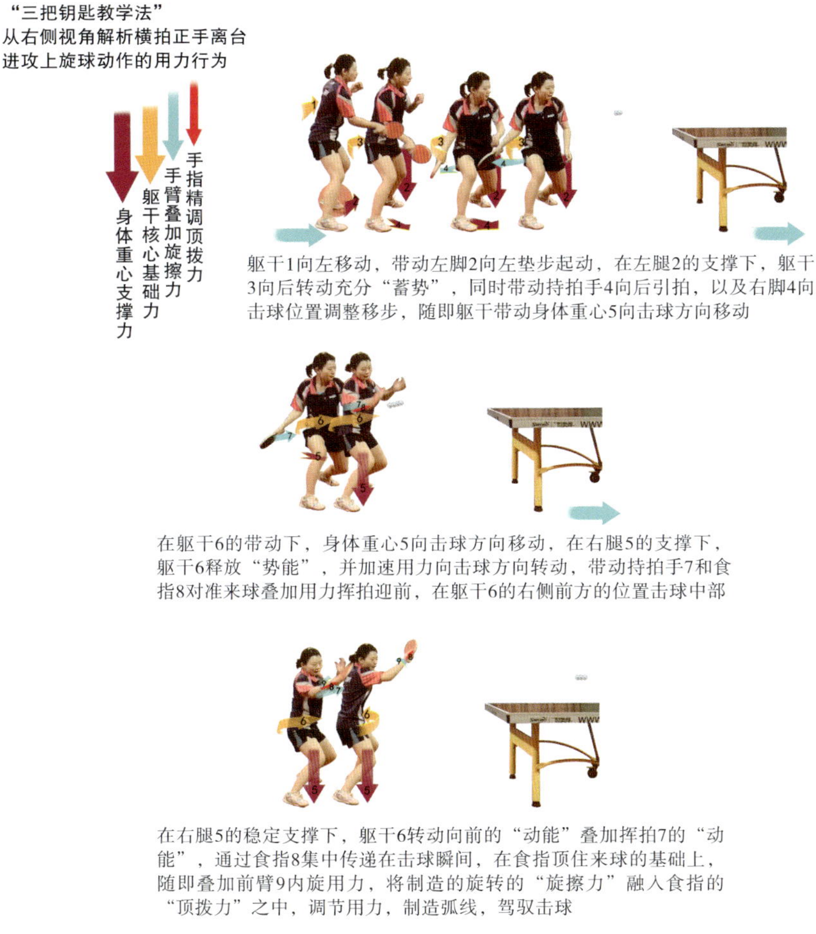

图8-7　从右侧视角解析横拍正手离台进攻上旋球动作的用力行为

八、步法移动

（1）击球前，躯干向后转动，带动引拍做“发条蓄势”动作，并使身体重心移至左腿，随即躯干向来球方向移动，并带动右脚提步向右垫步迈出，躯干迅速向右移动并使右膝关节向前弯曲、身体重心下降，做“弹力蓄势”动作，并使身体重心完全移至右腿上。

（2）击球时，躯干在右腿的支撑下继续向右移动，待身体重心完全移至右腿膝关节的瞬间，躯干猛地向击球方向转动，释放“发条势能”和“弹力势能”，并加速带动挥拍迎前，同时，在右脚叠加蹬地向右前方的用力瞬间击球，随后右脚跟随躯干的运动方向跃起移动，左脚随之向右跃起，在从右腿前交叉并率先落地支撑身体重心的瞬间，右脚顺势向右顺势迈出一大步，“刹住”身体重心向右移动的惯性，维持身体平衡。

“三把钥匙教学法”
用躯干带动四肢的用力顺序解析侧身正手进攻后，向右方“交叉步”移动，进攻大角度来球的步法动作

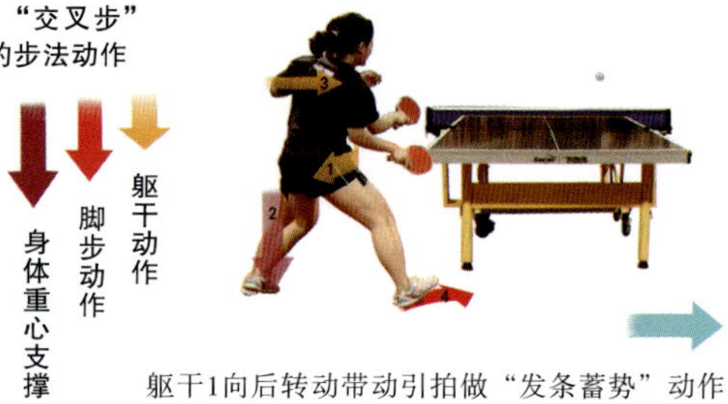

躯干1向后转动带动引拍做“发条蓄势”动作，并使身体重心2移至左腿，随即躯干3向来球方向移动，并带动右脚4提步向右垫步迈出

在躯干1继续向后转动带动引拍充分“蓄势”的同时，躯干3迅速向右移动并使膝关节向前弯曲，身体重心下降，做“弹力蓄势”动作，并使身体重心5完全压在右腿上

躯干3在右腿5的支撑下继续向右移动，待身体重心完全压在右腿膝关节的瞬间，躯干7猛地向击球方向转动释放“势能”，并加速带动挥拍迎前，在右脚9叠加蹬地向右前方的用力瞬间击球，随后右脚跟随躯干7的运动方向跃起移动，左脚10随之向右跃起

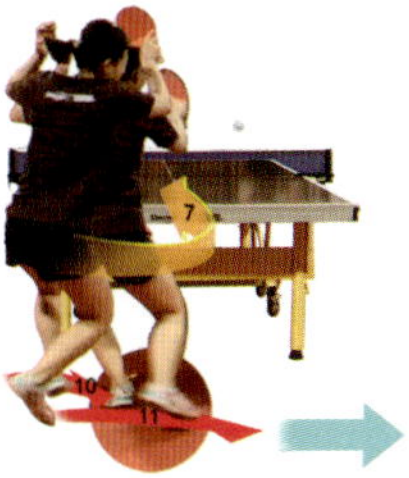

在躯干7带动挥拍完成击球的瞬间，左脚10从右腿前交叉并率先落地，使身体重心转移至左腿，右脚11向右顺势迈出

左腿10支撑躯干7运动的同时，右脚11向右迈出一大步，刹住身体重心向右移动的惯性，维持身体平衡

“交叉步”移动步法顺序示意图

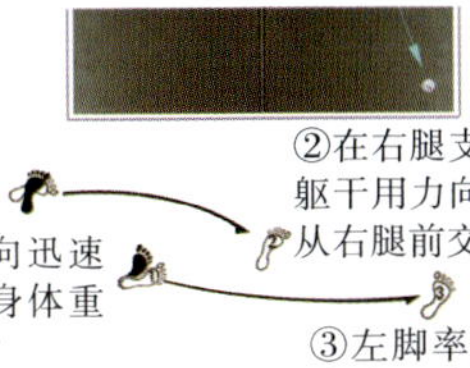

①躯干向来球方向迅速移动，带动支撑身体重心的右脚蹬地起动

②在右腿支撑身体重心向右倾斜极限的瞬间，躯干用力向击球前方转动迎前击球，带动左腿从右腿前交叉跨越，并率先落地

③左脚率先落地支撑身体重心的同时，右脚迅速向右方迈出蹬地刹住身体向右移动的惯性

图8-8 用躯干带动四肢的用力顺序解析侧身正手进攻后，向右方“交叉步”移动，进攻大角度来球的步法动作

第九章　正手台上搓下旋球

【目的】通过练习，掌握正手台上搓球的基本动作用力，学习驾驭下旋球的搓球技巧，为进一步学习接发球、搓球中衔接进攻等技术打好基础。

一、准备位置

准备正手台上搓下旋球时选择站在靠近球台偏反手一侧的位置。

图9-1　正手台上搓下旋球的准备位置

二、击球时间

正手台上搓下旋球的击球时间通常选在来球的上升后期击球。

图9-2 正手台上搓下旋球的击球时间

三、用力方向

正手台上搓下旋球的用力方向为先向下再向前方用力。

图9-3 正手台上搓下旋球的用力方向

四、击球位置

正手台上搓下旋球的击球位置在躯干的右前方。

图9-4　正手台上搓下旋球的击球位置

五、触球部位

正手台上搓下旋球瞬间球拍触球中下部至底部的部位。

图9-5　正手台上搓下旋球的触球部位

六、用力方式

正手台上搓下旋球通常选用借力、加力“合力”的击球用力方式。

图9-6　正手台上搓下旋球的用力方式

七、用力顺序

（1）击球前，躯干前倾带动右脚向击球方向移动上步，带动身体重心完全移至右腿支撑，同时，带动持拍手至来球后上方的位置。

（2）击球时，迎着跳起的来球向前下方挥拍击球中下部。

（3）击球瞬间，球拍背后手指用力通过球拍向击球方向顶住来球，随即叠加前臂外旋的用力，带动球拍转动摩擦至来球的底部，并将这一“旋擦”用力融入手指的“顶拨力”之中，作用于击球。

（4）根据击球需要在“顶拨力和旋擦力”之间调节，控制旋转，驾驭搓球弧线。

“三把钥匙教学法”
从右侧视角解析横拍正手
台上搓下旋球动作的用力行为

躯干1向台面上前倾，带动持拍手2深入球台向击球点靠近，同时右脚3迅速向来球方向移步至球台下面

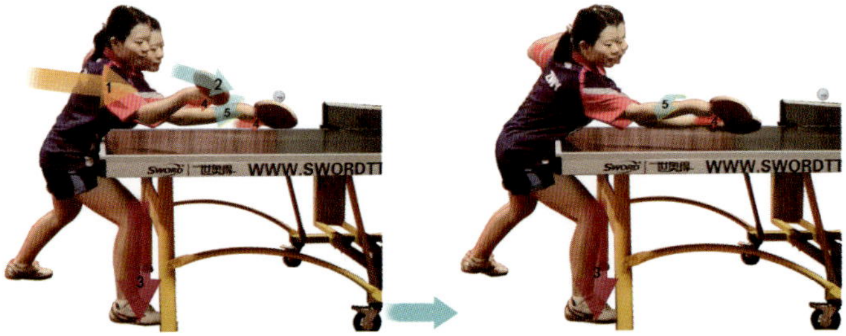

躯干1继续前倾，带动身体重心完全移至右腿3，当持拍手2来到来球的后上方时，迎着跳起的来球向前下方挥拍，击球瞬间，食指4从球拍背面用力向击球方向顶住球体的中下部，随即叠加前臂5的外旋的用力,带动球拍“旋擦”至来球的底部，并将这一摩擦用力通过食指4通过球拍作用于击球，根据击球需要，在“顶拨与旋擦力”之调节，驾驭搓球弧线

图9-7　从右侧视角解析横拍正手台上搓下旋球动作的用力行为

“三把钥匙教学法”
从右侧视角解析直拍正手
台上搓下旋球动作的用力行为

躯干1向台面上前倾，带动持拍手2深入球台向击球点靠近，同时右脚迅速向来球方向移步至球台下面

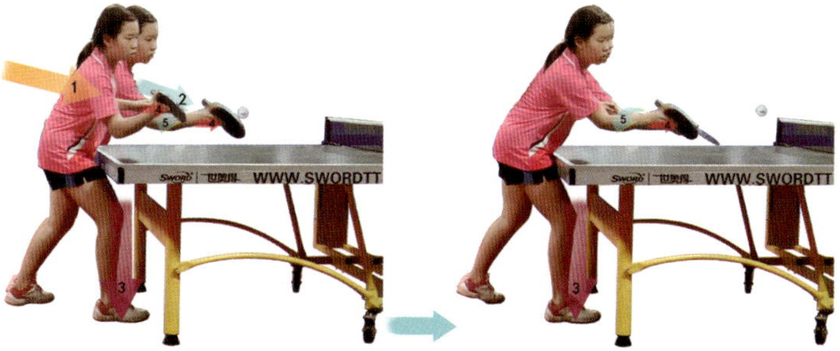

躯干1继续前倾，带动身体重心移至右腿3支撑，当持拍手2来到来球的后上方时，迎着跳起的来球向前下方挥拍，击球瞬间，中指4从球拍背面用力向击球方向顶住球体的中下部，随即叠加前臂5的外旋的用力,带动球拍“旋擦”至来球的底部，并将这一摩擦用力通过中指4通过球拍作用与击球，根据击球需要，在“顶拨和旋擦”力之间调节，驾驭搓球弧线

图9-8 从右侧视角解析直拍正手台上搓下旋球动作的用力行为

八、步法移动

搓球时对离身近的来球一般选择单步移动，对离身较远的来球选择跨步移动。

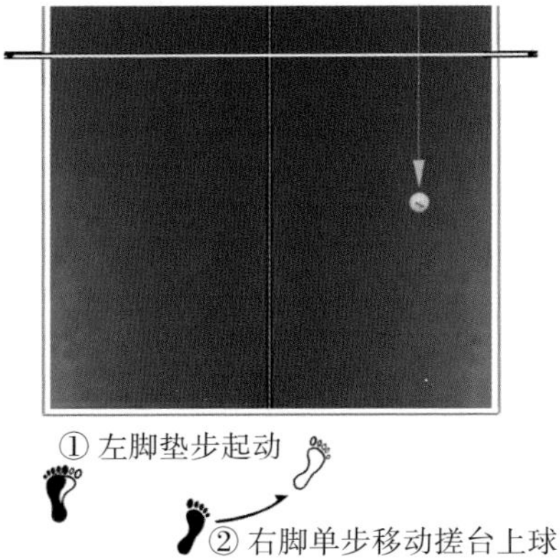

图9-9　右脚单步移动搓台上球

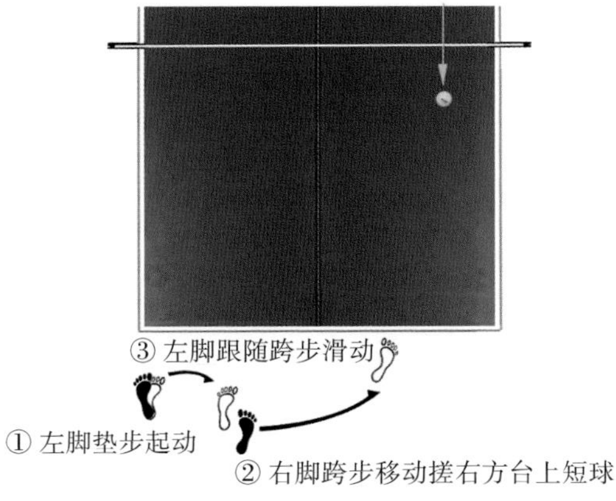

图9-10　跨步移动搓台上短球

第十章　反手近台进攻上旋球

【目的】反手进攻是乒乓球主要进攻技术之一。反手近台攻球是指站位靠近球台用反手进攻上旋球或不转球，通过练习，掌握合理的反手近台攻球动作，为发展自己的近台进攻、对攻和防御反攻等技术打好基础。

一、准备位置

反手近台进攻上旋球时应站在靠近球台反手一侧1/4区域附近准备。

图10-1　反手近台进攻上旋球的准备位置

二、击球时间

反手近台进攻上旋球的击球时间通常选在来球的上升后期至高点期之间。

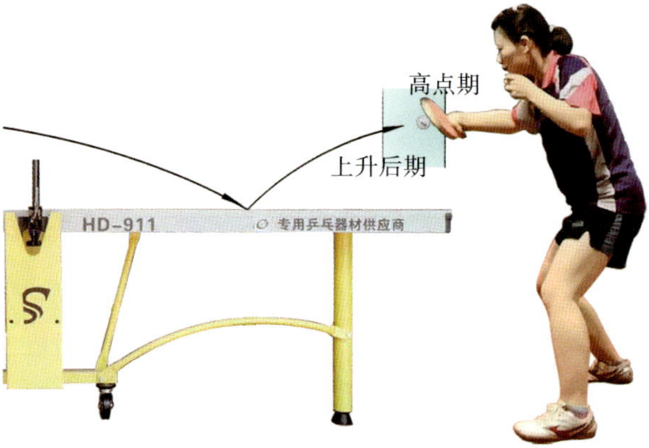

图10-2　反手近台进攻上旋球的击球时间

三、用力方向

反手近台进攻上旋球的用力方向为向前方用力为主。

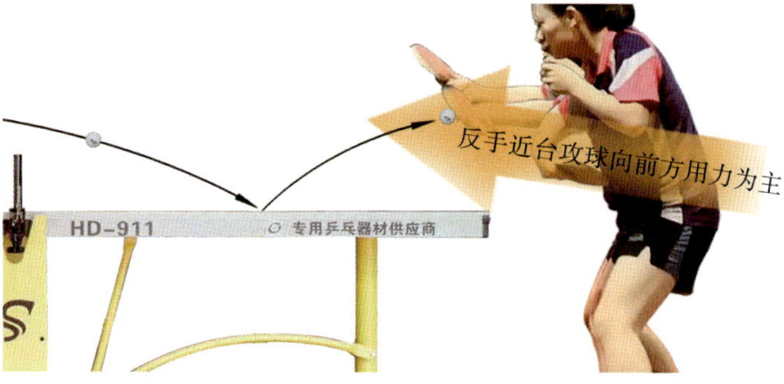

图10-3　反手近台进攻上旋球的用力方向

四、击球位置

反手近台进攻上旋球的击球位置在躯干的前方。

图10–4　反手近台进攻上旋球的击球位置

五、触球部位

反手近台进攻上旋球瞬间球拍击球中部偏上的部位。

图10–5　反手近台进攻上旋球的触球部位

六、用力方式

反手近台进攻上旋球通常采用借力、加力“合力”击球的用力方式。

图10-6　反手近台进攻上旋球的用力方式

七、用力顺序

（1）击球前，躯干向左后方转动，带动身体重心移至右腿，并向后引拍做“发条蓄势”动作。

（2）击球时，躯干向击球方向转动释放“势能”，带动挥拍迎前，并“叠加”用力加速挥拍击球，同时，身体重心也随之移至左腿支撑。

（3）触球瞬间，挥拍用力集中通过球拍背面的手指（横拍用拇指、直拍用中指），向击球方向用顶住来球的中上部，随即“叠加”外旋前臂的用力摩擦球，并使这一“旋擦”用力通过手指融入手指的“顶拨”用力之中，作用于击球。

（4）根据击球需要，在“顶拨力”与“旋擦力”之间调节用力，制造旋转，控制弧线，驾驭击球。

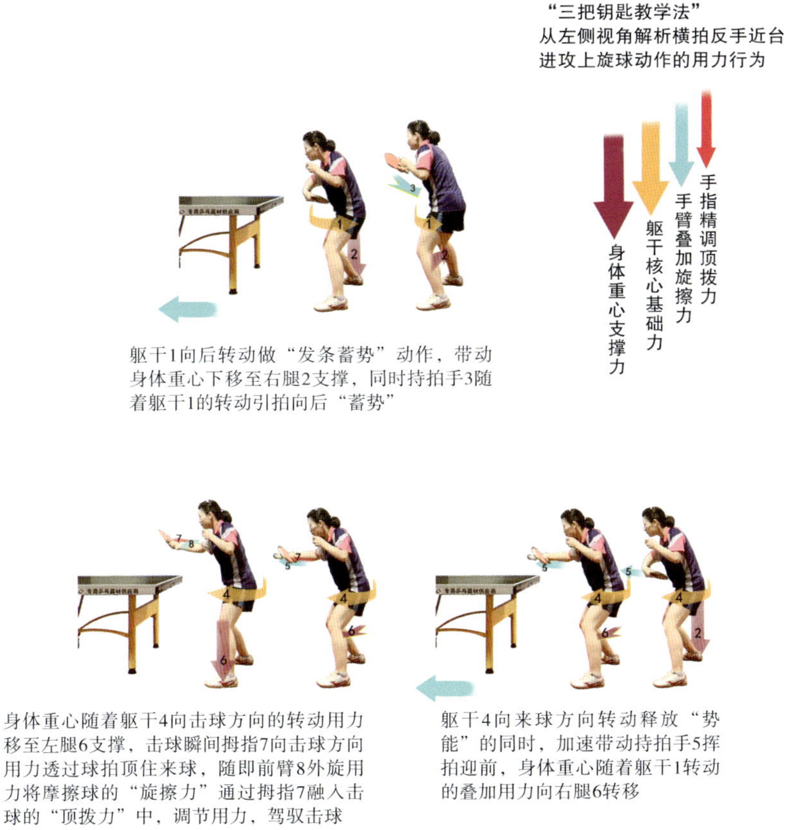

图10-7　从左侧视角解析横拍反手近台进攻上旋球动作的用力行为

"三把钥匙教学法"
从左侧视角解析直拍反手近台进攻上旋球动作的用力行为

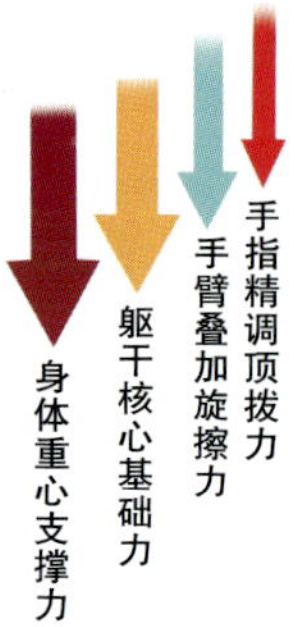

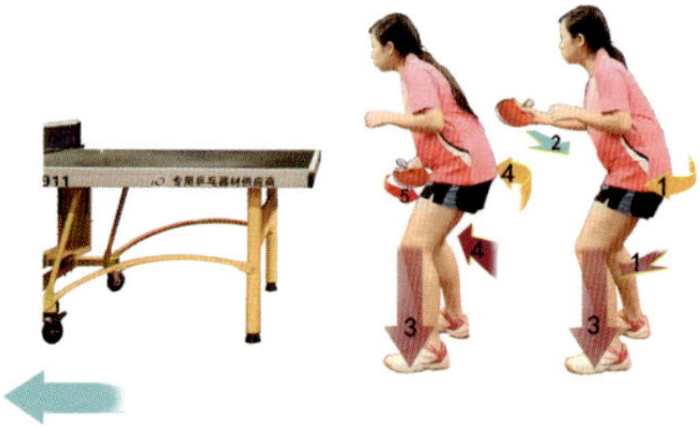

躯干1向后转动"蓄势"，同时带动持拍手2向后引拍至身前，身体重心1向左腿3一侧移动；随即躯干4在左腿3的支撑下，释放"势能"向击球方向转动，同时带动持拍手的拍头5后引"蓄势"，以及身体重心4随躯干动作4向击球方向移动

躯干4继续向击球方向加速转动，在拍头5向后转动"蓄势"的基础上，随着躯干4的动作方向将身体重心支撑点移至右腿5，同时带动持拍手6释放拍头"势能"，并加速通过中指7向击球方向迎前用力击球中上部

身体重心在右腿5的支撑下，躯干4继续向击球方向用力，带动持拍手6迎前击球中上部，击球瞬间中指7用力顶住来球。随即外旋前臂8"旋擦"击球，并将摩擦球的用力通过中指7融入击球之中，调节用力，驾驭击球

图10-8　从左侧视角解析直拍反手近台进攻上旋球动作的用力行为

"三把钥匙教学法"
从背后视角解析横拍反手近台
进攻上旋球动作的用力行为

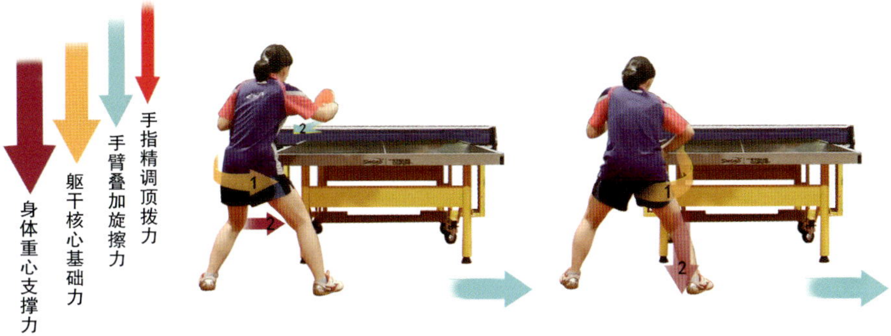

躯干1向右前方转动，做充分向后转动的"发条蓄势"动作，带动身体重心移至右腿2支撑，同时持拍手2也随之引拍向后，拍面对准来球中上部

随即躯干3释放"势能"，立即向击球方向——左前方加速转动，身体重心4随着躯干转动的用力移至左腿支撑，躯干3转动的叠加用力，同步带动手臂迎前击球，击球瞬间拇指5向击球方向用力透过球拍顶住来球，随即外旋前臂6用力将摩擦球的"旋擦力"通过拇指5融入击球的"顶拨力"用力之中，调节用力，驾驭击球

图10-9 从背后视角解析横拍反手近台进攻上旋球动作的用力行为

八、步法移动

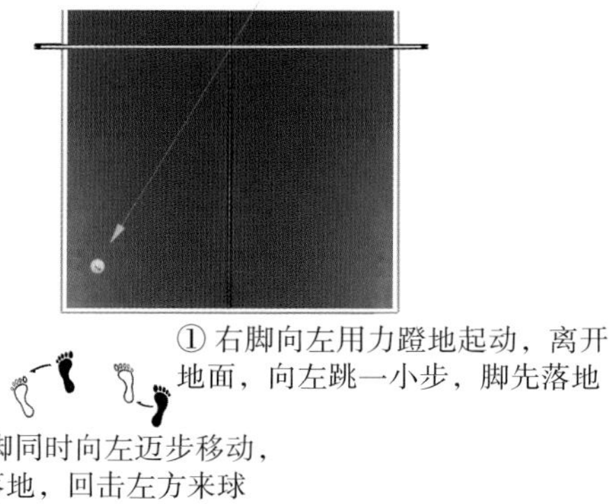

图10–10　反手近台进攻跳步回击偏左方来球

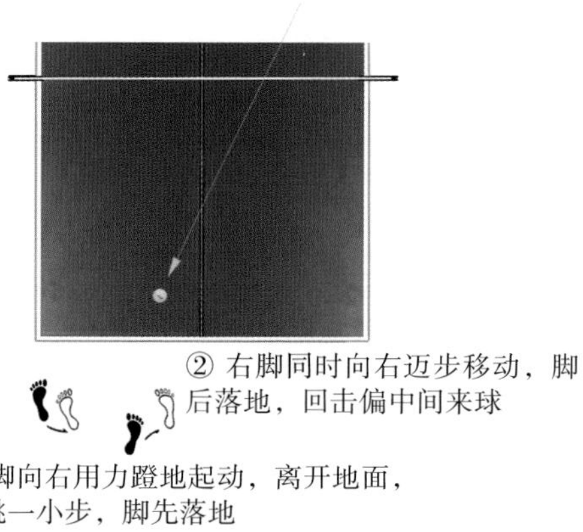

图10–11　反手近台进攻跳步回击偏中间来球

第十一章　反手进攻下旋球

【目的】反手进攻下旋球是初学者重要的进攻技术之一。通过练习，掌握合理的反手进攻下旋球的动作用力，特别是进攻下旋球过程中摩擦球驾驭弧线的用力技术，为发展发球抢攻、接发球抢攻和进攻搓球等技术打好基础。

一、准备位置

反手进攻下旋球的准备位置在球台反手1/4区域附近。

图11-1　反手进攻下旋球的准备位置

二、击球时间

反手进攻下旋球的击球时间通常选在来球的下降前期至高点期之间。

图11-2　反手进攻下旋球的击球时间

三、用力方向

反手进攻下旋球的用力方向为向前上方用力。

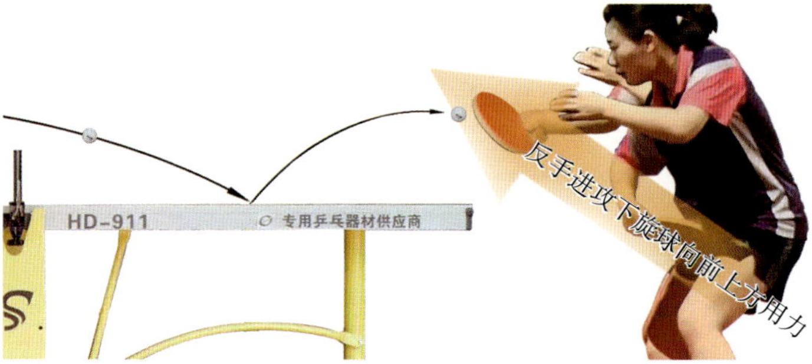

图11-3　反手进攻下旋球的用力方向

四、击球位置

反手进攻下旋球的击球位置在躯干的前方。

图11-4　反手进攻下旋球的击球位置

五、触球部位

反手进攻下旋球的瞬间球拍击球的中部至中上部。

图11-5　反手进攻下旋球的触球部位

六、用力方式

反手进攻下旋球采用挥拍加速的主动用力方式。

图11-6　反手进攻下旋球的用力方式

七、用力顺序

（1）击球前，躯干带动身体重心移至右腿支撑的同时，向左后方充分转动，做“发条蓄势”动作，并带动持拍手随之向后引拍“蓄势”。

（2）击球时，躯干向击球方向转动释放“势能”，带动身体重心向左转移至左腿支撑，同时，带动持拍手对准来球“叠加”用力加速挥拍迎前，根据需要在来球的下降前期或高点期击球中部至中上部。

（3）击球瞬间，在左腿的稳定支撑下躯干带动挥拍用力通过球拍背面的手指（横拍用拇指、直拍用中指），根据需要向击球方向用力“顶住”来球的中部至中上部位置，随即“叠加”前臂外旋的用力摩擦球，并将制造旋转的“旋擦”用力通过手指融入“顶拨”用力之中，作用于击球。

（4）根据击球需要，在“顶拨力”与“旋擦力”之间调节用力，制造旋转，控制弧线，驾驭击球。

躯干1向左侧移动，带动左脚2向左垫一小步，使身体重心支撑点移至左腿2；随即躯干3向右前方转动，带动右腿4向右前方移步，同时身体重心4随躯干3的转动向右移动至右腿4支撑身体重心；躯干3继续转动“蓄势”，并带动持拍手5向后引拍至腹前

在右腿4的支撑下，躯干6释放“势能”并加力向击球方向转动，带动身体重心支撑点7移至左腿7，同时也带动持拍手7对准来球挥拍叠加用力，在左腿7的稳定支撑下，躯干6转动和挥拍7的“动能”通过拇指8集中传递在击球瞬间——在拇指8向击球方向顶住来球的基础上，前臂9随即叠加外旋用力，将制造旋转的“旋擦力”融入拇指的“顶拨力”之中作用于击球，调节用力，制造弧线，驾驭击球

图11-7　从左侧视角解析横拍反手进攻下旋球动作的用力行为

“三把钥匙教学法”
从左侧视角解析直拍反手
进攻下旋球动作的用力行为

身体重心在左腿1的支撑下，躯干2向右移动，同时带动右脚2提步移动到击球位置；随着躯干3向后转动用力“蓄势”的动作，带动持拍手4引拍向后至腹前，同时带动身体重心的支点5移至右腿

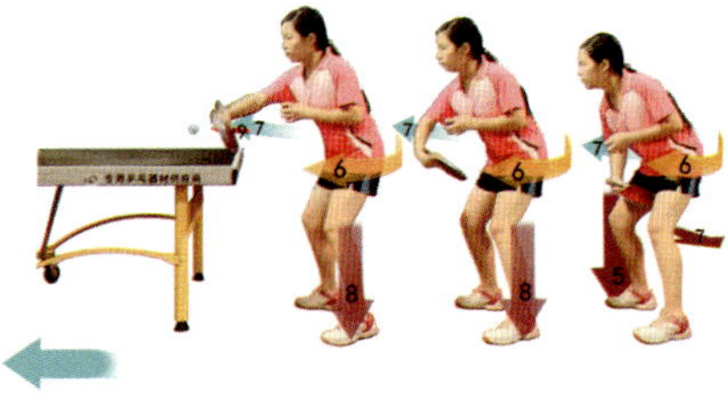

身体重心在右腿5的支撑下，躯干6向击球方向转动释放“势能”，同时带动身体重心7向左腿移动，并带动持拍手7对准来球加速挥拍迎前；在躯干6加力转动的基础上，前臂叠加用力，并将二者释放的“动能”通过中指9传递到击球

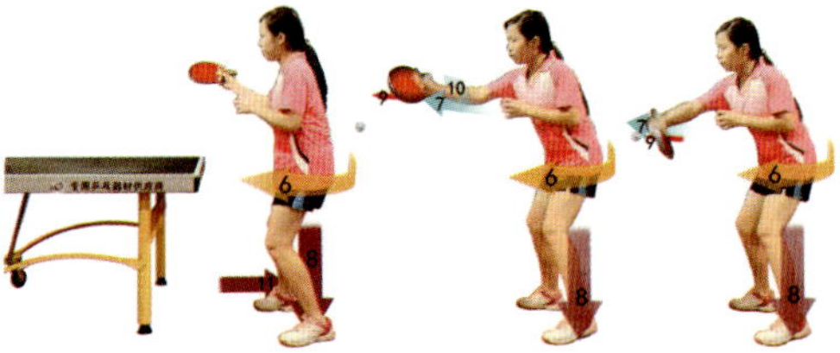

躯干和挥拍动作产生的“动能”通过持拍手的中指向击球方向叠加用力顶住来球的中部的位置后，随即叠加前臂外旋的用力摩擦击球制造旋转，并将这一“旋擦力”融入中指9的“顶拨力”之中，调节“顶拨与旋擦”的用力，驾驭弧线，准确击球

图11-8　从左侧视角解析直拍反手进攻下旋球动作的用力行为

八、步法移动

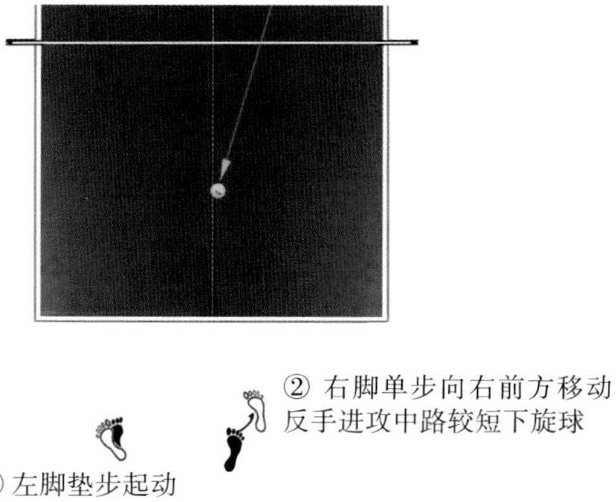

图11-9 反手右脚单步移动进攻中路较短下旋球

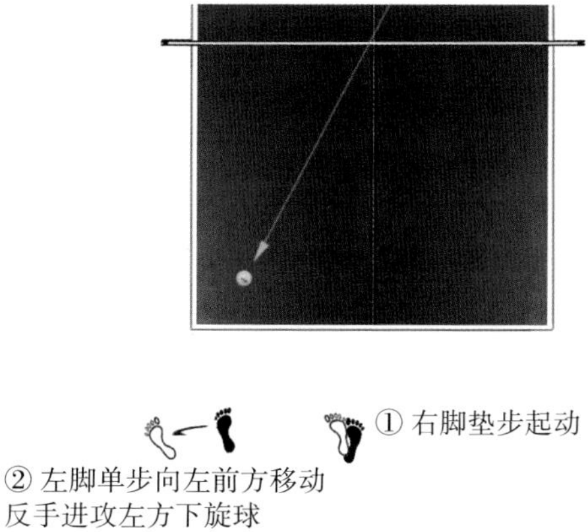

图11-10 反手左脚单步移动进攻左方下旋球

第十二章　反手台上搓下旋球

【目的】通过练习，掌握搓球的基本动作用力，学习驾驭下旋球的搓球技巧，为进一步学习接发球、搓球中衔接进攻等技术打好基础。

一、准备位置

反手台上搓下旋球前可以选择站在靠近球台反手一侧1/3的区域附近准备。

图12-1　反手台上搓下旋球的准备位置

二、击球时间

反手台上搓下旋球时通常选在来球跳起的上升后期至高点期之间击球。

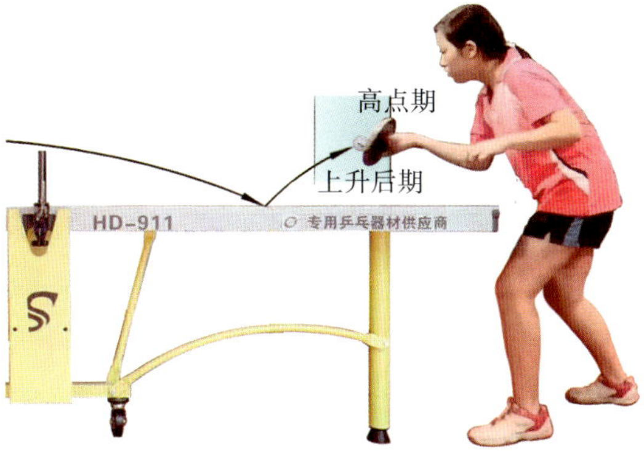

图12-2　反手台上搓下旋球的击球时间

三、用力方向

反手台上搓下旋球的用力方向为先向下再向前方用力。

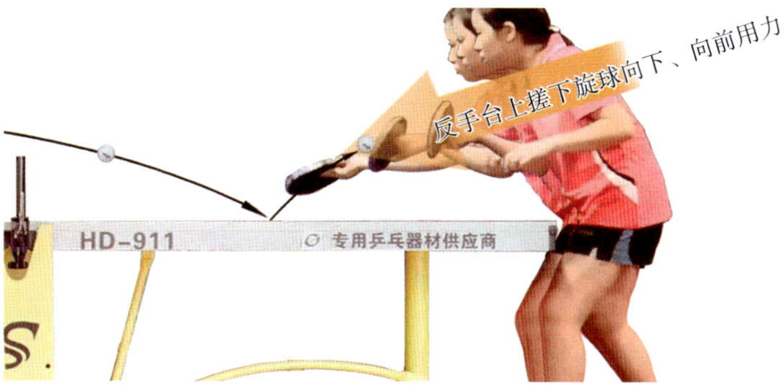

图12-3　反手台上搓下旋球的用力方向

四、击球位置

反手台上搓下旋球的击球位置应该在躯干A-B身前C的位置上。

图12-4　反手台上搓下旋球的击球位置

五、触球部位

反手台上搓下旋球瞬间球拍击球的中下部靠近底部的部位。

图12-5　反手台上搓下旋球的触球部位

六、用力方式

反手台上搓下旋球通常采用借力、加力“合力”击球的用力方式。

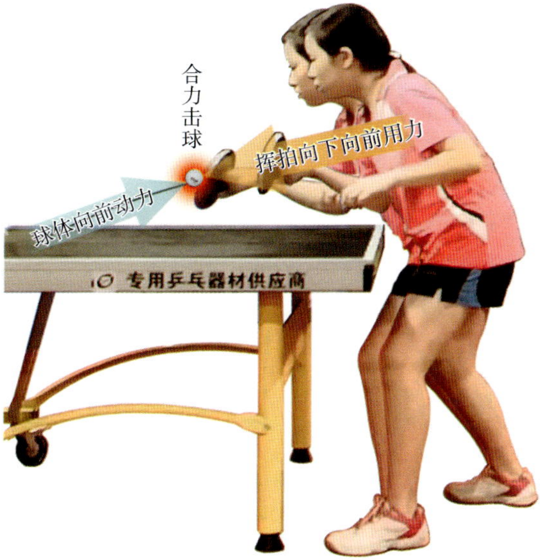

图12-6 反手台上搓下旋球的用力方式

七、用力顺序

（1）击球前，躯干向击球方向前倾，带动脚步向前移动至台下，随之身体重心也移至前腿支撑，同时，带动持拍手移至来球的后上方。

（2）击球时，对准跳起的来球，在来球的上升后期至高点期击球中下部偏底部的部位。

（3）击球瞬间，挥拍用力集中于通过球拍背面手指，通过球拍向击球方向用力顶住来球的中下部，随即叠加前臂内旋的用力，带动球拍转动摩擦至来球的底部，并将摩擦球的“旋擦力”融入顶住球体的手指的“顶拨力”之中，作用于击球。

（4）根据击球需要，在“顶拨力”与“旋擦力”之间调节用力，制造旋转，控制弧线，驾驭击球。

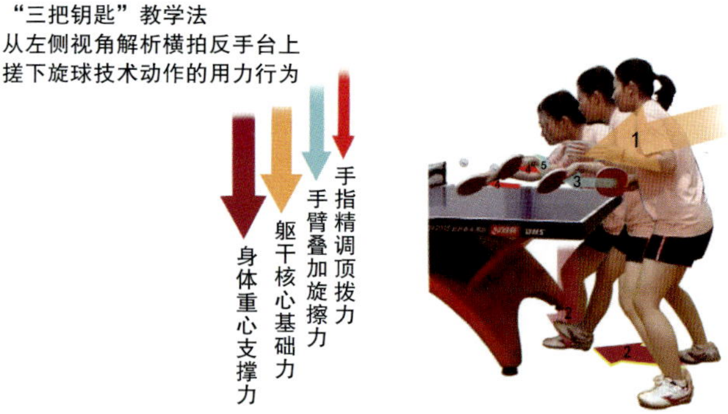

躯干1向击球方向前倾，带动右脚2向前移动至台下，随之身体重心也移至右腿2支撑，同时带动持拍手3移至来球的后上方，随即将挥拍用力集中通过拇指4，通过球拍向击球方向用力顶住来球中下部，随即叠加前臂5内旋的用力，带动球拍转动摩擦至来球的底部，并将这一“旋擦力”融入拇指的“顶拨力”之中，调节用力，驾驭击球弧线

图12-7　从左侧视角解析横拍反手台上搓下旋球技术动作的用力行为

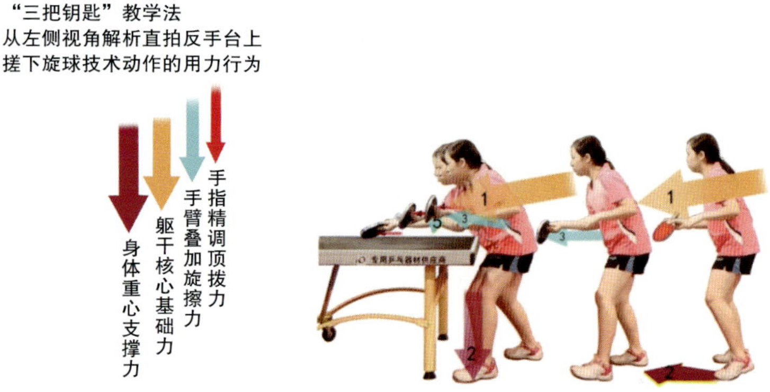

图12-8　从左侧视角解析直拍反手台上搓下旋球技术动作的用力行为

八、步法移动

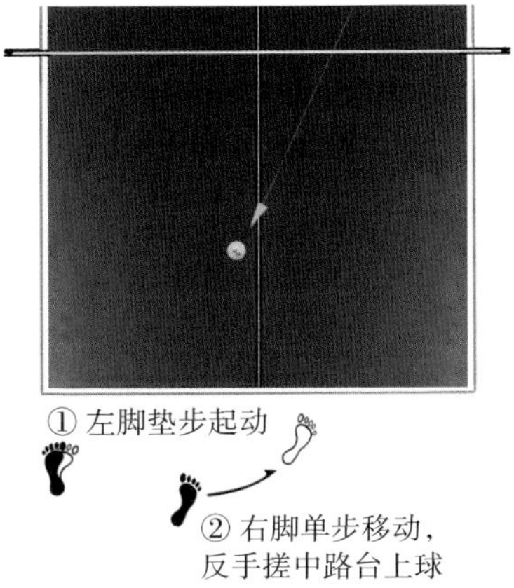

图12-9 右脚单步移动反手搓中路台上球

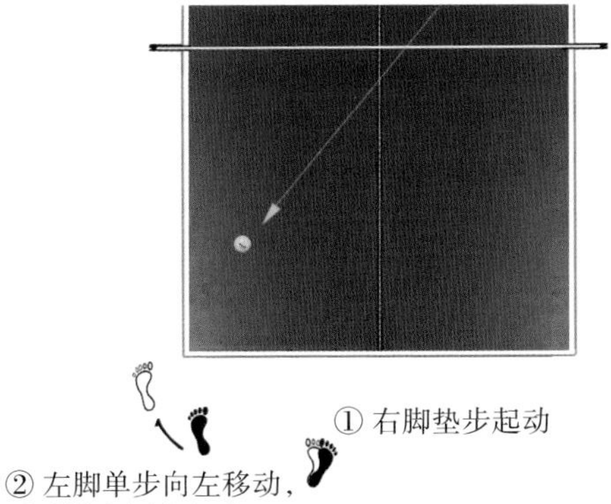

图12-10 左脚单步移动反手搓左侧台上球

第十三章　正手削球

【目的】正手削球是削球防守打法的主要技术。一般通过削球旋转变化、削球与进攻的变化争取主动，初学者通过练习掌握合理的削球动作，以提高削球的旋转和控球的稳定性。

一、准备位置

正手削球前通常站在球台中线距离球台1米左右的位置。

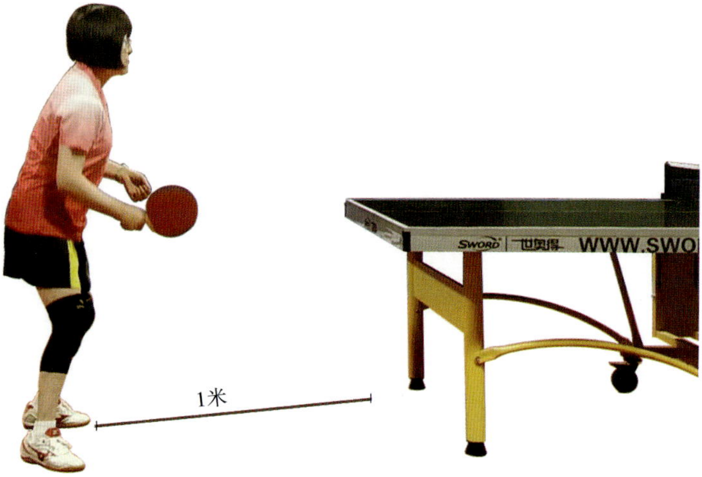

图13-1　正手削球的准备位置

二、击球时间

正手削球的击球时间一般选择在来球的下降期后段。

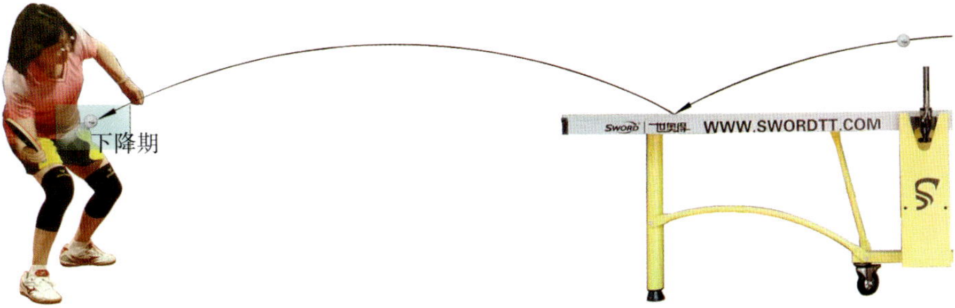

图13-2　正手削球的击球时间

三、用力方向

正手削球时的用力方向为先向下再向前用力。

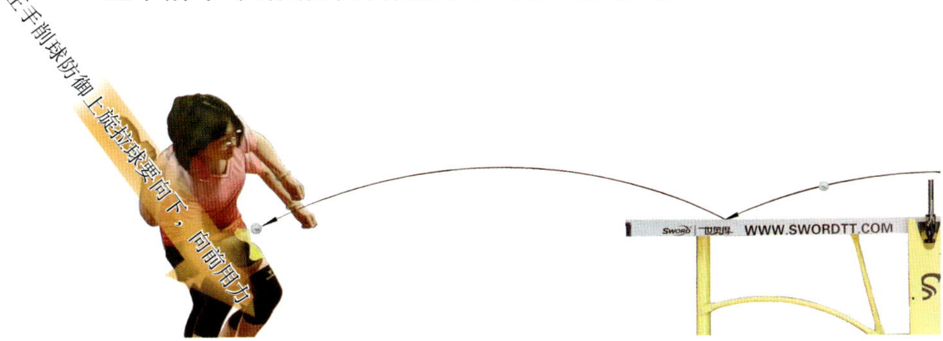

图13-3　正手削球的用力方向

四、击球位置

正手削球的击球位置在躯干右侧前方髋关节的高度附近。

图13-4　正手削球的击球位置

五、触球部位

正手削球触球部位一般选择削球中部至中下部。

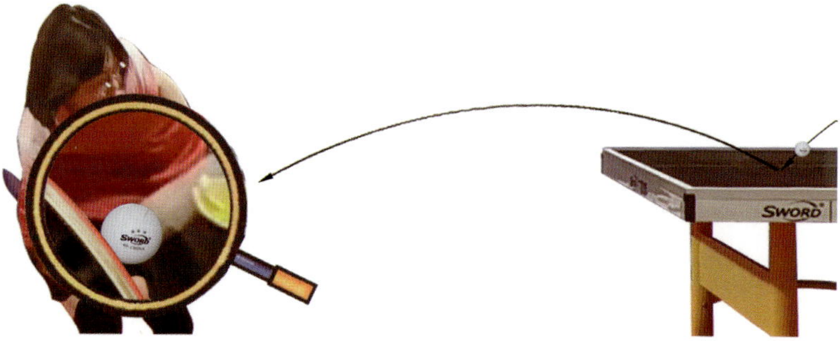

图13-5　正手削球的触球部位

六、用力方式

正手削球防御上旋拉球时需要主动向下、向前用力控球。

图13-6　正手削球的用力方式

七、用力顺序

（1）击球前，躯干向右后上方转动做充分的“发条蓄势”动作，带动身体重心移至右腿，同时，随着躯干转动的方向，持拍手向后上方提起将球拍引至高于来球的位置。

（2）击球时，在右腿的支撑下，躯干向击球方向下降身体重心，并随之向前转动，同时，带动持拍手在来球的下降后期，向下、向前用力挥拍击球中部。

（3）击球瞬间，挥拍动作用力通过食指，通过球拍向击球方向加力顶住来球的中部，随即叠加前臂外旋动作，用力带动球拍转动从球体的中部摩擦之中下部，制造旋转，并将这一“旋擦力”融入顶住球体的食指“顶拨力”之中，作用于击球。

（4）根据击球的需要，在“顶拨力”与“旋擦力”之间调节用力，控制弧线，变化旋转，驾驭击球。

“三把钥匙”教学法
从右侧视角解析横拍正手
削球动作的用力行为

躯干1向右后上方转动“蓄势”，带动身体重心支点2从左腿移至右腿，与此同时持拍手2随躯干1的动作方向提手将球拍引至高于来球的位置

在右腿2的支撑下，躯干3向击球方向转动并随之下降身体重心，同时带动持拍手4向下前方叠加用力挥拍击球；击球瞬间，躯干和挥拍动作的“动能”通过食指5通过球拍向击球方向加力顶住来球的中下部，随即叠加前臂6外旋动作用力摩擦球，制造旋转，将这一“旋擦力”融入食指5的“顶拨力”之中，调节“顶拨与旋擦”之间的用力，控制弧线，驾驭击球

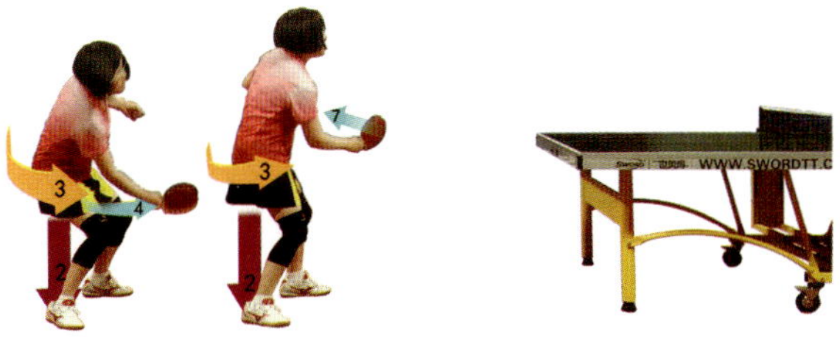

击球后，躯干3顺势继续向前运动，并在右腿2的支撑下，带动身体重心回升到原来的高度，同时持拍手4收回到身前准备下一次击球的位置

图13-7 从右侧视角解析横拍正手削球动作的用力行为

八、步法移动

（1）击球前，左脚垫步起动，躯干向右后方转动“蓄势”，动作先使身体重心移至左腿，随即带动右脚叠加用力提步向来球方向跨出一大步，并使身体重心顺势移至右腿。

（2）击球时，躯干向来球方向下压，释放“势能”使身体重心下降，进而带动挥拍削球，随着躯干的转动和挥拍削球的用力动作，带动左脚向右脚靠拢，完成向右“跨步”正手削球的步法移动。

（3）击球后，躯干向后转动用力，带动右腿叠加用力向左蹬地，左脚随即向左垫步移动，准备下一次移动击球。

"三把钥匙教学法"
用躯干带动四肢的用力顺序解析横拍正手向右"跨步"移动削球的步法动作

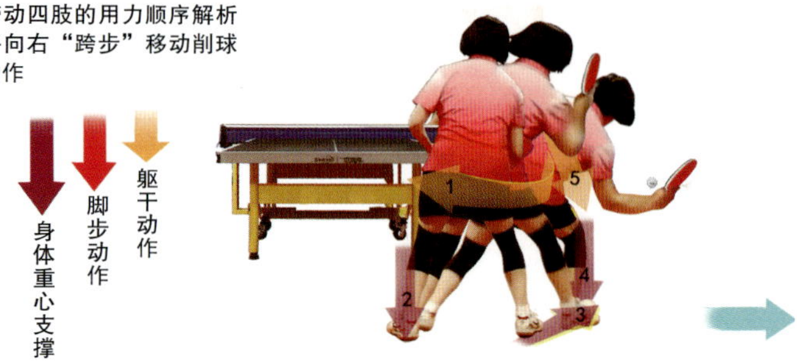

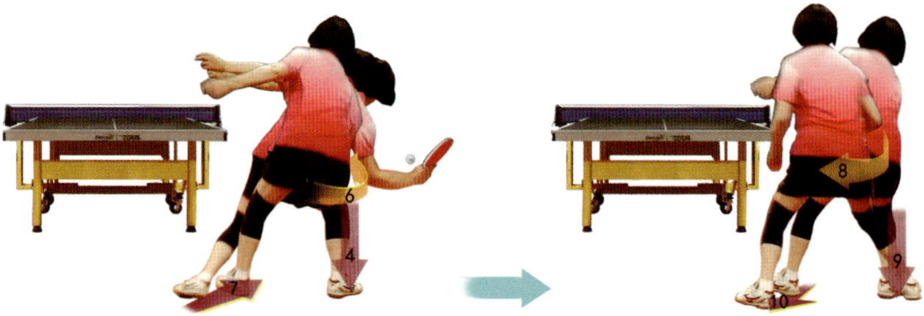

击球前：躯干1转动"蓄势"，动作先使身体重心移至左腿2，随即带动右脚3叠加用力提步向来球方向跨出一大步，使身体重心顺势移至右腿4
击球时：躯干5向来球方向下压，释放"势能"使身体重心下降，进而带动挥拍削球，随着躯干6的转动和挥拍削球的用力动作，带动左脚7向右脚4靠拢，完成正手削球向右"跨步"的步法移动
击球后：躯干8向后转动用力，带动右脚9叠加用力向左蹬地，左脚10随即向左垫步移动，准备下一次移动击球

正手向右跨步移动脚步顺序示意图

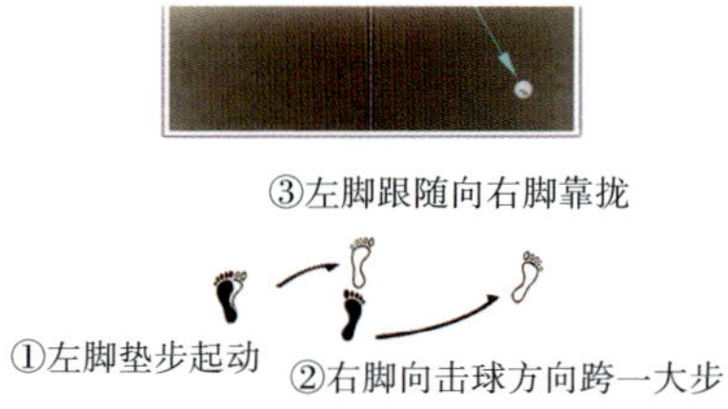

图13-8　用躯干带动四肢的用力顺序解析横拍正手向右"跨步"移动削球的步法动作

第十四章　反手削球

【目的】反手削球是削球防守打法的主要技术，一般通过削球旋转变化、落点变化、削球与进攻的变化争取主动，初学者通过练习掌握合理的削球动作，提高削球的旋转和控球的稳定性。

一、准备位置

反手削球前通常站在球台中线距离球台1米左右的位置。

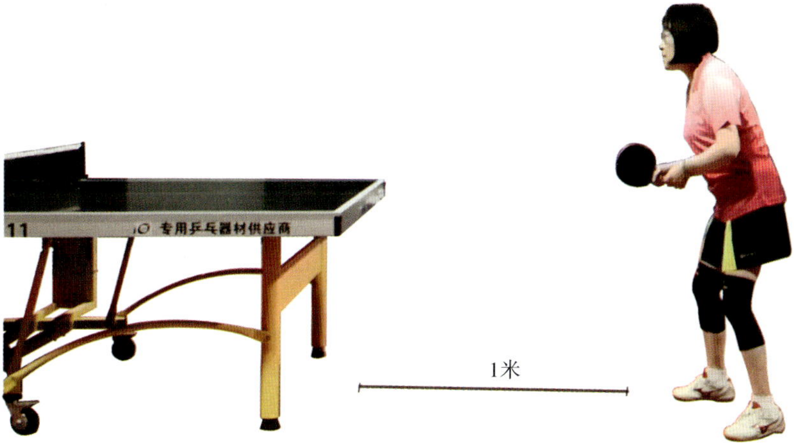

图14-1　反手削球的准备位置

二、击球时间

反手削球的击球时间一般选择在来球的下降期。

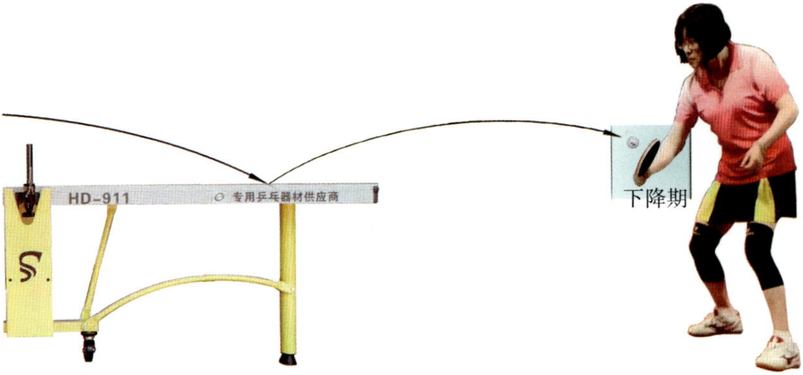

图14-2　反手削球的击球时间

三、用力方向

反手削球防御对方拉球的用力方向为先向下再向前用力控球。

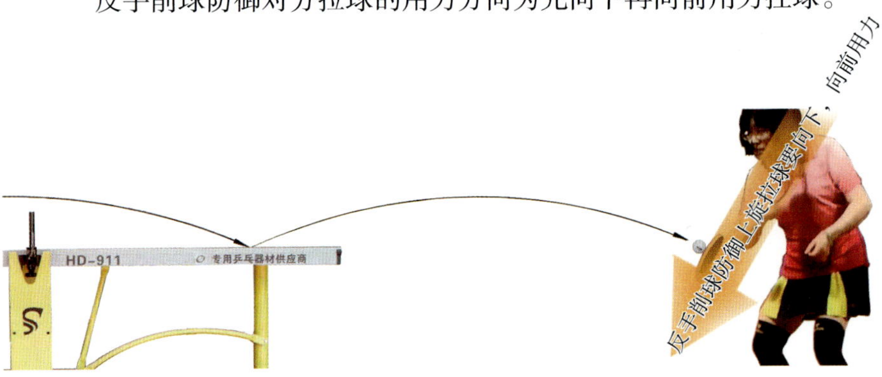

图14-3　反手削球的用力方向

四、击球位置

反手削球的击球位置在躯干左侧前方的髋关节高度附近。

图14-4　反手削球的击球位置

五、触球部位

反手削球触球部位一般选择削球中部。

图14-5　反手削球的触球部位

六、用力方式

反手削球防御上旋拉球需要主动向下、向前用力控球。

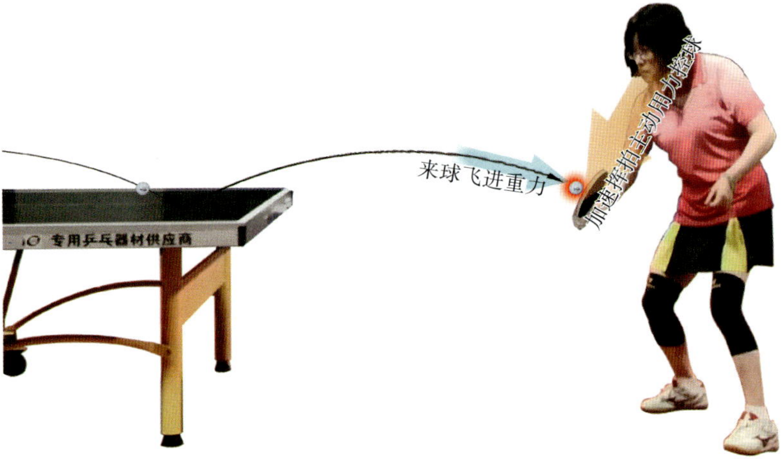

图14-6　反手削球的用力方式

七、用力顺序

（1）击球前，躯干向击球方向移动，带动右脚移至击球位置，随之身体重心移至右腿，在右腿的支撑下，躯干向后上方转动做“发条蓄势”动作，并带动持拍手同步向后上方引拍“蓄势”。

（2）击球时，在右腿的支撑下，躯干向前下方动作释放“势能”，并带动持拍手叠加用力在来球的下降期挥拍向下触球中部。

（3）削球瞬间，躯干和挥拍动作产生的“动能”传递到球拍背面的拇指顶住来球中部，拇指向击球方向叠加用力控制弧线高度，随即前臂叠加内旋用力，摩擦球制造旋转，并将这一“旋擦力”融入拇指的“顶拨力”中，作用于击球。

（4）根据击球需要，在调节“顶拨力”与“旋擦力”之间调节用力，变化旋转、控制弧线、驾驭击球。

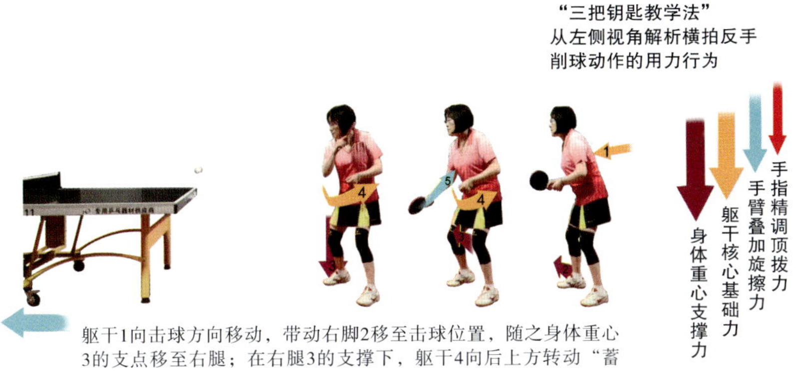

躯干1向击球方向移动，带动右脚2移至击球位置，随之身体重心3的支点移至右腿；在右腿3的支撑下，躯干4向后上方转动“蓄势”，并带动持拍手5向后上方引拍

在右腿3的支撑下，躯干6释放“势能”向前下方动作带动持拍手7叠加用力挥拍向下削球；削球瞬间，躯干6和挥拍7动作产生的“动能”传递到球拍背面的拇指8顶住来球中部，拇指8向击球方向叠加用力控制弧线高度，随即前臂9叠加内旋用力，摩擦球制造旋转，并将这一“旋擦力”融入拇指8的“顶拨力”中，调节“顶拨与旋擦”二者之间的用力，控制弧线，驾驭击球

击球后，躯干10顺势向左转动，带动身体重心支点11移向左腿支撑，与此同时持拍手11迅速回收至身前，右脚12也顺势后撤，准备下一次击球

图14-7　从左侧视角解析横拍反手削球动作的用力行为

八、步法移动

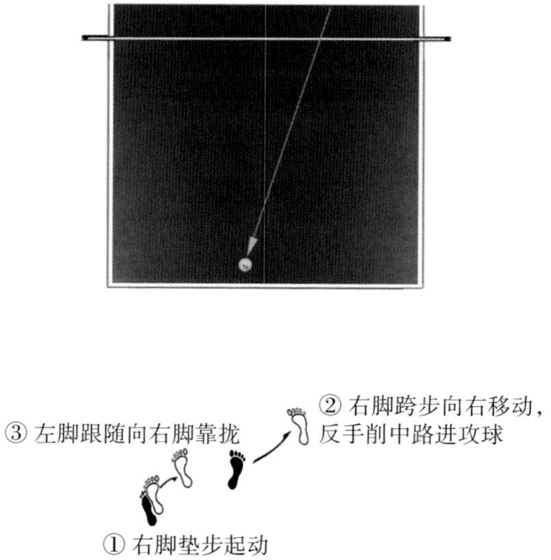

图14-8　右脚跨步移动反手削中路进攻球

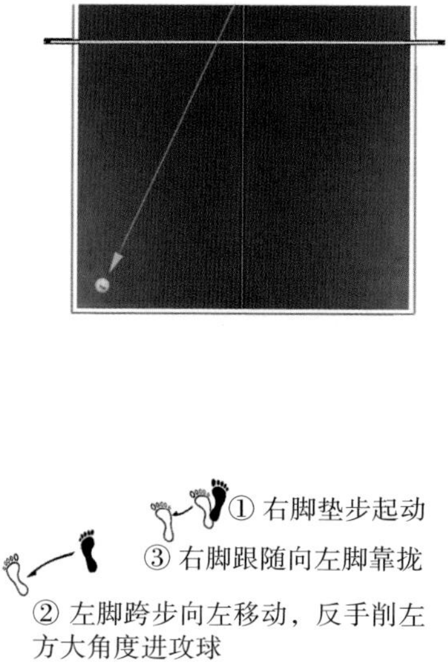

图14-9　左脚向左跨步移动反手削左方大角度进攻球

后 记

现在信息社会资讯发达，网络上有大量系统的教学资料，从体院教材到专家教材的书籍也很多，每位作者和教练员能够自己成功或训练队员成功，一定是掌握了一些相应的乒乓球运动中有价值的运动规律。但是，对于我们平时司空见惯的几个乒乓球基本动作，仍然有许多乒乓球爱好者们在网上、群里争论得不可开交。他们或者各自引经据典，上传各自找来的专业运动员的击球视频以证明自己的观点，或者引用物理学原理和公式，画图分析（牛顿定律、杠杆作用、空气动力学、数学公式等）。乒乓球爱好者们乐此不疲，除了增加参与感、快乐感之外，却也说明了一个问题——这几个简单的乒乓球动作千变万化，并没有一个统一的标准。作为球迷锻炼身体、娱乐休闲当然没问题，但是对于需要教球育人的启蒙教练员来说，什么是正确的、合理的乒乓球技术动作要领，就是一个首先要解决的现实理论问题。

不妨用“三把钥匙”教学法来指导乒乓球启蒙训练。

其实，世界上没有一个运动员的击球动作完全符合教科书上描绘的标准动作，亚洲和欧洲选手的击球动作差异明显，这与他们个体的身材、体质、击球习惯、风格与打法的不同有关，甚至与对使用的球拍、海绵胶皮性能的不同偏爱都有密切关系。即使是同一代的顶尖高手，如刘诗雯和丁宁、陈梦与朱雨玲之间，她们的动作幅度、站位、步法移动差别也很大。将马龙的动作框架用所谓标准动作来对照，也有很大差距。所以，许多有经验的教练员都说过“学谁像谁，不是谁”这句话。事实上，经过互相之间不刻意模仿的训练过程，反而涌现出了许多击球动作姿态看似各有不同的世界顶尖选手。

一、基层乒乓球启蒙教学的需求

当前，大多数基层教练员对启蒙训练阶段中的基础技术动作的认识，都是基于自己对乒乓球技术的个人理解和对优秀运动员的模仿体验。在传授个人理解的技术过程中，面临着口头语言表述和技术动作的认知问题。我们经常可以看到初学者在技术动作训练中，教练员对具体的动作要求表述不一，如正手攻球，“要用腰锁住肩膀”“腰腹要绷住”“要用身体打球”“要两脚把身体压住”等，这些提法肯定各有道理，但大都是感觉性描述。与乒乓球击球运动规律的直接因果关系和科学依据是什么，到底什么样才是正确的都需要初学者个人揣摩体会，这对初学乒乓球的小朋友尤其困难。人体是一个既极为复杂又和谐的精密仪器，从任何一个点和角度去描述都是不完整的，每一项用力都涉及身体多个部位的协调，甚至右手发力时左手的摆放位置、脚掌支撑的点和方向，都是有机联系和相互影响的，这是教练员传授技术动作时的最大困难。哲学上有一个“波兰尼诡异”理论，即有些知识像教人如何骑自行车一样，是永远无法用语言描述的。例如，爱好者们争论最多的是正手进攻技术动作用力的流行描述——“蹬转收”的问题，究其原因，对这一描述的争论首先是因为定性模糊不清，容易引起误读。其实，这种说法的出发点没有错，

“蹬”地是为了让躯干在挥拍发力瞬间获得稳定的“支撑点”，以保证包括髋关节在内的躯干转动，并带动挥拍加速迎前的发力效率。“蹬”地不是把大腿的用力作用于挥拍击球，因为大腿虽然有力，但用力加速的方向与挥拍击球的方向不一致，大腿用力根本无法直接作用于击球。如果将“蹬”误读为腿部动作是对击球的直接用力，就会产生一系列的错误动作，所以，我们建议把容易引起误读的“蹬”字，改为“撑”字会更准确。另外，“收”字的表达也欠准确，因为乒乓球用力是一个以躯干为圆心的用力行为，用力的方向是沿圆周的切线，用“收”字来描述就容易产生两个理解问题，一是人们对“收”字的普遍理解，即“回收”前臂的肌肉收缩用力，如果把挥拍用力理解成在肘关节支点上的前臂“回收”动作的话，其动作用力就会与击球用力的方向背离；二是“收前臂”这种说法容易忽视上臂的用力问题，上臂发力不能用“收”字来描述。所以，我们也建议把“收”字改为“送”或“顶”字，因为“送”有方向引导的含义，而“顶”则更强调向前的主动用力。至于想“送”或“顶”到对方哪里？上臂多一点还是前臂多一点？都由击球人根据来球性质和战术目的来决定。相对而言，把“蹬转收”的说法改为“撑转送”或“撑转顶”的说法来表达正手攻球的动作用力或许更准确、更符合击球动作的用力实际。

学员们在跟随教练员长期训练的过程中，没有一个系统性训练教程或大纲，教练员传授知识是粗线条零散的。长年从事乒乓球教学训练的教练员们经常会心存疑问：难道真的没有一种普遍适用的规律性方法来帮助人们迅速理解和掌握乒乓球击球技术的规律吗？竞技体育毕竟是一门学科，是一种显学而不是玄学，应该有规律可循。从国外对拳击，击剑、三大球的西方训练体系来看，他们已从科学量化角度积累了很多年。以拳击为例，几个简单的动作从人体结构、力学原理、组合模型、应变博弈战术、训练教具、训练方案等教学体系已非常严谨和量化，既能符合拳击的一般性规律，又能满足和针对个体学员进行因材施教。所以，国外这些项目的训练体系成才率很高，单课时的训练质量也很好。虽然乒乓球是中国的国球，但是，在启蒙训练的研究上还有很大的提升空间，特别是那些耕耘在基层乒乓球启蒙教学训练前沿的教练员们，他们普遍需要获得一种符合乒乓球技术普遍性原理的、简单明了、易于操作的教学指导理论。

二、“三把钥匙”教学法应运而生

“三把钥匙”教学法正是顺应这种对乒乓球技术普遍性原理的教学需要而总结出来的。“三把钥匙”教学法是从用力的行为来指导人们认识和掌握乒乓球的合理击球动作要领，既把握住了的乒乓球运动的核心规律，又不限制每一种动作的自由发挥和想象空间。“三把钥匙”教学法的理论是依托人体运动学科总结出来的，如同乒乓球的“牛顿三大定律”，任何击球动作都绕不开，但如何运用又要根据来球的具体情况和自身的位置、能力、意图做出最佳选择，这里没有标准的动作姿势，只有合理的用力行为。大力推广“三把钥匙”教学法对乒乓球启蒙训练阶段意义重大。

1. 终结训练中“当前”和“长远”的发展争论

有了“三把钥匙”教学法就能终结乒乓球启蒙训练圈内经常发生的一种争议，一种是以动作“标准框架”为重，认为这是

“基本功”，假以时日，熟能生巧，水到渠成就能培养出优秀乒乓球选手，最终打好比赛；另一种认为“实用第一”，赢者通吃，只要能得分就是“好动作”。这似乎就是乒乓球界所谓的“气宗和剑宗”的争议。有了“三把钥匙”教学法，这种争议就有了答案，两种说法都有一定的道理，练“基本功”肯定没错，但是，练习的应该是基础用力和调节用力的“基本功夫”，而不是“形似”好看的姿势；掌握合理的击球“用力”不仅是为了“当下”赢球，还可为未来“赢球”开拓发展空间。

2. 避免了启蒙训练中追求“形似”的华而不实倾向

传统启蒙教学法的上台训练都是教小朋友先“模仿”，并固定击球的姿势，名曰“搭好框架”。但这并不符合少儿掌握击球技术的学习规律。“三把钥匙”强调训练的核心是让孩子体会用力感觉，体会力量从哪里来、到哪里去，而并不在意动作的外形，每个孩子因身体特点、用力的习惯动作，以及各肢体动作幅度比例是不一样的，在不同阶段的自已也是不一样的，所以，合理正确的用力表现出的外在形态也是不一样的。

3. 避免启蒙训练中的急于求成、揠苗助长

少儿的身体正处于发育期，这时最宝贵的是他们神经系统的敏感期和身体动作的柔韧性。这个时期的训练要以人为本，孩子的身体快速发展没有定型，过多地按一个局部专业的固定标准来要求孩子在“框架”内发展动作，实质上是约束了他们身体协调性发育的多种综合发展空间。每个孩子的身体部位发育的时间快慢是不一样的，尤其乒乓球是单侧运动，过早动作固化和超量负荷训练不利于他们的全面发展。这个时候最重要的是抓住宝贵的

神经敏感期开发他们的潜能，包括提升他们神经系统对乒乓球的时间、空间和用力感觉，对来球的速度、力量、旋转、落点和弧线轨迹的判断和对应来球的身体支配能力，包括手法和步法的协调动作等。

三、珍惜启蒙阶段孩子的可塑性

初学乒乓球的儿童如同一根铁丝，身体非常柔软，有非常好的可塑性。等训练一两年到7～8岁时，他们的技术动作将趋于定型，如钢丝一样，无论你怎么改造，手一松就弹回原状。这时教练员对学员的身体动作干预能力就会受到很大限制，许多孩子甚至只能根据他们已定型的状态做适当的技术风格、打法上和细节上的改造。

因此，初学者掌握合理的击球用力方法是他们在成长过程中的关键点，而不应是对动作的外在形态过分固化。我们认为，初学者的击球动作只要不违背合理用力的原则就不需要对其动作细节提出固化的要求，固定一种动作就是迫使他们放弃了更多的想象力和创造力。

少儿初学者在学球的过程中，一定要珍惜他们的可塑性和动作提升空间。有些基层教练员对少儿乒乓球启蒙的理解不够，加上一些商业原因，急于展示自己的训练成果，过于追求击球连续板数，欠科学地给孩子们的动作“框架”定型。其实是过早地扼杀了他们的发展空间，甚至毁掉了一个孩子的乒乓球运动的可能性和天份。盲目打造“框架”，追求板数开始似乎很好看，家长见到孩子的“进步”也会很高兴，但是越往后进步越慢，甚至开始挺好看到动作可能越打越不协调，越打越僵硬，就是这个原因。一些家长和孩子也会因为乒乓球技术止步不前而失去信心，甚至选择放弃，进而使他们前期的巨大时间成本和经济成本被无奈损失了，实在令人惋惜。

四、掌握“规律”创新训练

有了乒乓球“三把钥匙”教学法理论后，只要根据合理的击球用力原则，教练员和家长们便可以大胆地创新训练，使训练方式、方法灵活多样。“三把钥匙”教学法是击球用力理论的精髓，是对乒乓球训练的极大贡献，为乒乓球科学训练、精准训练、快乐训练创造了条件，只要是学习、掌握了合理的击球用力，并学习调节用力的方法，做任何击球动作都行，可以怎么有效怎么学，怎么开心怎么玩！

作者

2020年3月12日